Verloren im „Rechtsstaat"

Eine
Michael Kohlhaas-Geschichte
im 21. Jahrhundert

Heinz Peter Wieser

ISBN: 978-1517056025

Impressum:
con:gas kreativteam
Bernhard Wieser
Geusaugasse 4/6, 1030 Wien
www.con-gas.at

Buchsatz: www.be-wonderful.at

Inhalt

Vorwort

Liebe Leserin, lieber Leser!

Mit diesem Buch wende ich mich nicht primär an Juristen bzw. Fachleute anderer Art, welche bei Zivilgerichtsverfahren berufsbedingt beteiligt sein können, um diesen eine Art Spiegel vorzuhalten. Dieses Buch schreibe ich vor allem für Menschen, die vor der Wahl stehen, entscheiden zu müssen, ob sie entweder als Beklagter oder Kläger an einem Zivilgerichtsverfahren „beteiligt sein wollen" oder nicht.

Richterinnen und Richter, in der Folge als Rechtsanwender bezeichnet, könnten deshalb Interesse haben, dieses Buch zu lesen, wenn sie auf die vorliegende Art erfahren möchten, was einem Bürger der Republik Österreich in einem Zeitraum von etwa 17 Jahren widerfahren kann, wenn er bei Gericht versucht, zu seinem Recht auf Basis geltender Gesetze zu kommen.

Ausgangspunkt für die ganze „Leidensgeschichte" bei mir war, dass meine Frau und ich nicht mehr in einer so genannten Stadtwohnung wohnen wollten, sondern auf dem Land. Deshalb wollten wir das bestehende, 70 m2 große Wochenendhaus renovieren lassen bzw. im Umfang zu einem normalen Einfamilienhaus baulich erweitern. Also eine ganz normale und alltägliche Geschichte.

Was hat Michael Kohlhaas mit meiner Geschichte zu tun?

Auf die Geschichte von Michael Kohlhaas bin ich durch Zufall gekommen. Ich sitze eines Tages bei einem Facharzt und warte darauf, aufgerufen zu werden, als ich mit einem ebenfalls wartenden, älteren Herrn ins Gespräch komme. Er stellt sich als pensionierter Mittelschulprofessor vor. Da er von seiner Frau geschieden ist, lebt er – wie ich – allein in einer Wohnung. Wir verabreden, dass wir uns auch nach diesem Arzttermin wiedersehen wollten.

Der Hinweis auf die Novelle von Heinrich von Kleist kam von meinem nunmehrigen neuen Bekannten. Nachdem er aufgrund meiner ersten Schilderungen über meine langjährigen Erfahrungen mit Zivilgerichten erkannt hatte, worum es eigentlich ging, fragte er mich, ob ich die Geschichte des Michael Kohlhaas kennen würde. Ich antworte ihm: „Ja, entfernt schon, aus der Schulzeit." Was in meinem Fall schon sehr viele Jahre zurückliegt.

Heinrich von Kleist veröffentlichte vor mehr als 200 Jahren die Geschichte des Michael Kohlhaas in Form einer Novelle. Die Geschichte dieses Pferdehändlers spielte sich im 16. Jahrhundert in deutschen Landen ab und wird in der Folge frei nach dieser Novelle mit den Moralprinzipien und der juristischen Abwicklung von Rechtsstreitigkeiten im 21. Jahrhundert zum Vergleich herangezogen.

Einleitung

Unbestritten sollte wohl sein, dass Rechtsanwender in einer Demokratie die fachliche und moralische Fertigkeit haben müssen, soziale Konflikte in einer Gesellschaft rechtskonform einer fairen und zeitnahen Entscheidung zuzuführen.

Dass dies nach meiner Erfahrung aus 17 Jahren eher die Ausnahme als die Regel darstellte, war für mich der Grund, mich mit diesem Buch an die Öffentlichkeit zu wenden.

Im Internet habe ich einen Gastkommentar des früheren Präsidenten des Obersten Gerichtshofes in Österreich, Johann Rzeszut, gefunden, den ich hier auszugsweise zitiere. Das Thema: „Rechtsfortbildung" in dem Beitrag „Richterbild und Richterrecht" (siehe auch http://www.uibk.ac.at/ipoint/gastkommentar/398144.html).

„Die Wurzeln der richterlichen Funktion liegen im Spannungsfeld zweier menschlichen Ur-Anliegen. Streben nach einem Höchstmaß an Freiheit und Sehnsucht nach (Rechts-)Sicherheit. Dem Richter kommt bei der Verwirklichung einer Gesellschaftsordnung und -realität, die diesen Zielen Rechnung trägt, seit jeher als Ordnungswächter und Garant des Rechtsfriedens eine dominierende Bedeutung zu."

„Das Richterbild: Das gesellschaftliche Vertrauen in richterliches Wirken hängt in hohem Maß davon ab, dass sich das reale Richterbild mit der gesellschaftlich repräsentativ idealisierten Wunschvorstellung richterlichen Wirkens deckt, die auf sachbezogene Funktionsgarantien und persönlichen Voraussetzungen beruht."
...

„Gedanken zur richterlichen Unabhängigkeit aus der Sicht der Gewaltentrennung setzen schon bei Hesiod im

zweiten vorchristlichen Jahrtausend*) ein. Hinsichtlich persönlicher Anforderungen an den idealen Richter sei beispielsweise auf die platonischen Tugenden oder etwa an die Kardinalstugenden verwiesen, die vom Schwabenspiegel (1236) mit dem Richterideal in Verbindung gebracht und später in der Peinlichen Gerichtsordnung Kaiser KARL V (1532) in modifizierter Form angesprochen werden."

Kern des Richterbildes ist die persönliche und sachliche Unabhängigkeit der Richter, die in seiner Unabsetzbarkeit und Unversetzbarkeit und einer Freiheit von Dritteinflüssen zum Ausdruck kommt." ...

Die zum besseren Verständnis des Inhaltes dieses Buches notwendigen Zitate aus Gesetzesstellen, Literatur usw. erfolgen nachfolgend in authentischer Form, um dem Leser möglichst weitere Investitionen in Gesetzbücher, Fachbücher, etc. zu ersparen. Die Zitate sind jeweils *kursiv* geschrieben, Auszüge aus Schriftstücken, Entscheidungen des Obersten Gerichtshofs, Wikipedia, Zeitungen und sonstigen Online-Publikationen ebenfalls.

Gesetze können grundsätzlich mittels des Rechtsinformationssystems des Bundes RIS online abgefragt und auch ausgedruckt werden. Ausnahmen davon sind über das Rechtsinformationssystem Jusline bei dem jeweiligen Gesetz angeführt. Gesetze können zum jeweils letzten Stand abgefragt werden, Kommentare von Juristen sind bei den online abgefragten Gesetzen jedoch nicht verfügbar.

Die nachfolgenden Ausführungen sind in keiner wie immer gearteten Weise als rechtsanwaltliche Beratung

*) Gemäß den Angaben im Brockhaus, dem Herder Lexikon (Zeno.org) oder Wikipedia schwanken die Angaben zur Geburt von Hesiod zwischen dem 9. und 7. Jahrhundert vor Christus.

oder Beratung anderer Art zu verstehen, für die eine gesetzliche Befugnis erforderlich ist. Für juristische Auskünfte und andere Beratungsleistungen sind ausschließlich die durch die einschlägigen Gesetze Befugten zuständig.

Dass es sich bei meinen Gerichtsverfahren nicht um Sonderfälle gehandelt hat, weiß ich z. B. aus dem Internet – wie in einem Artikel der Zeitung „Die Presse" vom 29.7.2011 mit dem Titel „Wutbürger"; Zitate später (Punkt I.9) angeführt.

Die vielfach mangelhafte Transparenz in der öffentlichen Verwaltung in Österreich spielte dabei nur eine Nebenrolle für die Entstehung dieses Buches, da dieses Problem ja dem gelernten Österreicher nicht neu ist. Dieser Mangel an Transparenz passt nur auch gut zu den Problemen im Rechtsstaat Österreich, wie ich sie leider in verschiedenen Zivilgerichtsverfahren kennen gelernt habe.

Österreich soll hinsichtlich der Transparenz auf dem Niveau eines Entwicklungslandes sein. Die Politiker haben es bisher jedenfalls nicht geschafft, das so genannte Amtsgeheimnis aus der Verfassung und damit auch aus den Köpfen der „Amtsträger" zu eliminieren. Im Zeitraum der Entstehung dieses Buches sind zwar Bemühungen im Gange, das Amtsgeheimnis abzuschaffen, doch wurden gesetzlich notwendige Entscheidungen wieder einmal verschoben, wie Medienberichten zu entnehmen war. Natürlich müssen nach der Abschaffung des Amtsgeheimnisses – sollte es doch eines Tages gelingen, es aus der Verfassung zu eliminieren – Datenschutzbestimmungen und Persönlichkeitsschutz als Menschenrechte auch weiterhin einen hohen Stellenwert haben und künftig auch von Amtsträgern gesetzeskonform beachtet und eingehalten werden.

Dass diese mangelnde Transparenz und das immer noch geltende Amtsgeheimnis Nährboden für Missbrauch und Korruption sein konnte und kann, wird von Fachleuten kaum in Zweifel gezogen. Ob dies möglicherweise auch für bestimmte Rechtsanwender in bestimmten, weiter unten angeführten Verfahren der Fall war, mögen die Leser dieses Buches beurteilen.

Die Liga für Menschenrechte hat am 9.3.2012 wörtlich im ORF Teletext ausgeführt:

„Es braucht Transparenz." und (...) „eine Kehrtwende der Politik zur Transparenz bei den Korruptionsfällen".
...

„Dies hätte bewirkt, dass nur noch 8 % (Anmerkung: der Bevölkerung) uneingeschränktes Vertrauen in den Rechtsstaat hätten."

Um dann zu ergänzen:

„Nicht bloß das Vertrauen in die gesetzgebende Politik habe gelitten, auch jenes in die unabhängige Justiz".

(Siehe: zuständige ORF-Redaktion für Teletext)

Abkürzungsverzeichnis

ABGB	Allgemeines bürgerliches Gesetzbuch
AHG	Amtshaftungsgesetz
AHK	Allgemeine Honorarkriterien (für Rechtsanwälte)
AHR	Allgemeine Honorarrichtlinien (für Rechtsanwälte)
BG	Bezirksgericht
BGBL	Bundesgesetzblatt
B-VG	Bundesverfassungsgesetz
EO	Exekutionsordnung
GebAG	Gebührenanspruchsgesetz
HOB	Honorarordnung für Baumeister
JN	Jurisdiktionsnorm
Jusline	Justiz-Online-Datenbank für Recht und Gesetz
LG	Landesgericht
OGH	Oberster Gerichtshof
OLG	Oberlandesgericht
ÖRAK	Österreichischer Rechtsanwaltskammertag
RATG	Rechtsanwaltstarifgesetz
RAO	Rechtsanwaltsordnung
RIS	Rechtsinformationssystem des Bundes
RSTDG	Richter- und Staatsanwaltsdienstgesetz
ZPO	Zivilprozessordnung

I. „Aufklärung" für einen recht-suchenden Nichtjuristen im Zusammenhang mit Zivilgerichts-verfahren im 21. Jahrhundert

I.1 Staunen und Erkenntnis

Staunen ist der Anfang der Erkenntnis. Das drückt aus, was ich – vielfach zwar staunend, aber dann auch mehr und mehr fassungslos – erleben musste; was in einem angeblichen Rechtsstaat einem rechtsuchenden Bürger von den Personen, welche bei Zivilgerichtsprozessen vom Gesetzgeber beauftragt waren, ihre gesetzlich definierten Aufgaben zu erledigen, zugemutet wurde.

Um das überhaupt nur einigermaßen überstehen zu können, was ich im Rahmen dieser Zivilgerichtsprozesse erleben musste, intensivierte ich meine Beschäftigung mit der Philosophie, um in ihr Trost zu finden und zu versuchen, mir die Denk- und Handlungsweise von Stoikern (einer der um etwa 300 Jahre vor Christus im alten Griechenland gegründeten, wirkungsmächtigsten Philosophenschulen) anzueignen, um zu lernen, so zu denken, so zu handeln und so zu fühlen.

Aus eigener Erfahrung kann ich nur sagen, dass auch ich nicht damit gerechnet habe, jemals in Zivilgerichtsverfahren verstrickt zu werden. Ich war auch nicht rechtsschutzversichert, da ich bis zum Auftrag an einen Architekten für den Um- und Zubau meines bestehenden Hauses keine Probleme mit meinen Mitmenschen hatte, die den Abschluss einer solchen Versicherung erforderlich gemacht hätten.

Dies hat mich die Abhängigkeit von Rechtsanwendern, Rechtsanwälten und Sachverständigen, in die ich zwangsläufig in Zusammenhang mit diesen Gerichtsverfahren geraten war, doch „irgendwie" überleben lassen. Auch beschäftigte ich mich nach und nach mit Gesetzen, soweit diese in „meinen" Verfahren relevant waren.

I.2 Rechtsschutzversicherung

Als ich damit rechnen musste, dass ich dann doch möglicherweise wegen Problemen mit dem beauftragten Architekten – und in der Folge mit einigen Bauprofessionisten – in Zivilgerichtsverfahren verstrickt werden könnte, habe ich bei Versicherungsgesellschaften versucht, mich hinsichtlich einer Rechtsschutzversicherung kundig zu machen. Die Antworten der kontaktierten Versicherer waren einstimmig. Für Bauprozesse gebe es keine Rechtsschutzversicherung mehr. Eine solche habe es früher gegeben, doch haben manche Versicherungsnehmer diese Versicherungsdeckung dazu missbraucht, sich auf Prozesse mit Bauprofessionisten usw. einzulassen, weil sie Rechnungen dieser Professionisten nicht mehr bezahlen wollten oder nicht imstande waren, diese zu bezahlen.

Darüber hinaus wurde mir von den Versicherungsfachleuten zur Kenntnis gebracht, dass ein nunmehriger Abschluss einer Rechtsschutzversicherung mir nur dann helfen und eine Deckung vorhanden sein würde, wenn zwischen dem Abschluss der Versicherung und dem ersten Fall, wo dieser Versicherungsschutz zum Tragen kommen sollte, mindestens sechs Monate vergangen wären.

Die Eröffnung der Möglichkeit der mutwilligen Nichtbezahlung von Rechnungen von Bauprofessionisten wäre für mich kein Motiv gewesen, eine Rechtsschutzversicherung abzuschließen. Ich rechnete nicht wirklich damit, eine Rechtsschutzversicherung zu benötigen, da ich ja einen staatlich befugten und beeideten Ziviltechniker und Architekten mit der Abwicklung des Bauvorhabens beauftragt hatte. Daher wurde das Bauvorhaben begonnen, ohne dass ich eine Rechtsschutzversicherung zur Deckung zur Verfügung hatte. Natürlich spielte auch eine wesentliche Rolle, dass ich zum Zeitpunkt der Auftragserteilung an den Architekten und an die Bauprofessionisten keine praktische Erfahrung mit der Beschäftigung eines Ziviltechnikers, mit Bauprofessionisten und mit Zivilgerichtsverfahren hatte.

Wie viele private Hausbauer auf den Schwarzmarkt ausgewichen sind und ihr Haus mit Hilfe von Pfuschern gebaut haben, weil sie eine solche Rechtsschutzversicherung mangels Angebot der Versicherungen oder dem Ausschluss bei bestehenden Versicherungspolizzen zur Deckung etwaiger Zivilgerichtsverfahren mit Professionisten aus dem Baufach etc. nicht zur Absicherung hatten, kann nicht abgeschätzt werden. Wieviel Geld dem Fiskus dabei an Steuern entging bzw. entgeht, weil Hausbauer ebenfalls mit Pfuschern ihr Haus bauen, ebenfalls nicht.

Ob nunmehr bei den privaten Hausbauern ein Umdenken erfolgen wird, weil aufgrund der Ankündigung von schärferen Kontrollen bezüglich Schwarzarbeit durch die dazu befugten staatlichen Organe die Sorge vor Strafe besteht und dies zu mehr Beschäftigung von Bauprofessionisten mit Rechnungslegung und Mehrwertsteuerausweis führen wird, kann nicht vorausgesagt werden. Notwendig wäre zusätzlich zu den Mehrkosten, die mit der offiziellen Beschäftigung von Bauprofessionisten verbunden sind, einen nicht unwesentlichen Geldbetrag in Reserve zu halten, um Zivilgerichtsverfahren im Notfall auch führen zu können.

Wenn der Staat zu Recht gegen Pfusch bei Bauvorhaben verstärkt vorgehen will, sollte, nein muss er auch dafür sorgen, dass der private Bauherr und Konsument auch im Falle von Zivilgerichtsverfahren eine faire Chance gegen darin beteiligte Uunternehmer hat.

Da österreichische Gerichte ja Klagen annehmen müssen, gilt dies natürlich ebenso für mutwillig eingebrachte Klagen. Nicht unmöglich ist, dass Rechtsanwälte einen Mandanten so beraten, dass er Zivilgerichtsverfahren so lange führt, bis nicht rechtsschutzversicherte Konsumenten in Gefahr kommen können, aus Geldmangel in Existenzgefahr zu geraten und Gerichtsverfahren z. B. wegen hoher Sachverständigenkosten einstellen müssen. Dass solche möglichen Umstände für Privatpersonen mitentscheidend waren, ihr Haus von Pfuschern bauen zu lassen, ist nachvollziehbar.

Meinem Kenntnisstand nach ist bei abgeschlossenen Rechtsschutzversicherten auch dann keine Versicherungsdeckung gegeben, wenn es sich zwar nicht um Zivilgerichtsverfahren gegen Bauprofessionisten handelt, aber um ein Anschlussverfahren (zum Beispiel gegen einen Rechtsanwalt) an ein Zivilgerichtsverfahren gegen Bauprofessionisten.

Ob das Problem der nicht möglichen Rechtsschutzversicherungsdeckung für private Bauherren einerseits und die schärfere Vorgehensweise gegen Pfusch beim Bau andererseits dazu führen werden, Familien abzuhalten, sich ihren Traum vom Eigenheim zu erfüllen, bleibt abzuwarten.

Es ist nur zu hoffen, dass die beteiligten Politiker im Bereich der für das Problem zuständigen Ministerien eine konsumentenfreundliche, tatsächlich den Menschenrechten entsprechende Lösung finden, entsprechend gesetzlich fundiert umsetzen und die Menschen diesbezüglich „nicht im Regen stehen lassen".

I.3 Rechtsanwälte und Rechtsanwalts-kammern

Zu Beginn dieser Bauprozesse kannte ich keinen Anwalt persönlich. Ein Bekannter teilte mir auf meine Frage, ob er einen geeigneten Rechtsanwalt kenne, mit, dass ich mich diesbezüglich an die zuständige Rechtsanwaltskammer wenden sollte. Das tat ich dann auch.

Vertreter von Rechtsanwaltskammern dürfen, so wurde ich von einem Kammervertreter in Kenntnis gesetzt, einem Rechtsuchenden keinen bestimmten Anwalt empfehlen. Ebenfalls stellten die Rechtsanwaltskammern meiner Erfahrung nach auch keine verlässlichen Informationen hinsichtlich ihrer Mitglieder (und deren tatsächlichen und praktischen Erfahrung in den verschiedenen Rechtsbereichen) zur Verfügung. Dies hatte mir in meinen Verfahren viel unnötigen Zeitaufwand und viel Geld gekostet. Auf den Frust, den mir diese „weitgehend ungeeigneten Informationen" seitens dieser Kammern (die diese Informationen möglicherweise von den jeweiligen Rechtsanwälten erhalten haben) gebracht hat, werde ich in der Folge noch näher eingehen.

Aufgrund meiner leider auch gemachten Erfahrung ist Vorsicht geboten, wenn ein Einzelanwalt sich für alle Rechtsgebiete im Zivilrecht zur Vertretung anbietet. Dieser Anwalt müsste aufgrund der anhaltenden Gesetzesflut und vor allem der immer umfangreicher werdenden Judikatur möglicherweise seine gesamte Arbeitszeit dafür aufwenden, um diese Flut einfach nur zu lesen. Dies ist natürlich in der Praxis zeitlich wohl kaum möglich. Ich habe leider so einen Rechtsanwalt in meiner damaligen Unwissenheit beauftragt, mich zu vertreten.

Einen Rechtsanwalt zu beauftragen, welcher von einer Versicherungsgesellschaft genannt wird, ist nach meinen eigenen Erfahrungen ebenfalls nicht zu empfehlen.

Weiters ist es aus meiner Sicht für einen privaten Rechtsuchenden auch nicht sehr Erfolg versprechend, sich zwecks Rechtsvertretung an größere oder große Anwaltskanzleien zu wenden, da hier die Gefahr gegeben ist, von einem „nicht sehr erfahrenen, angestellten Anwalt" vertreten zu werden. Anders ausgedrückt, dass der Rechtsuchende in einer solchen Kanzlei nur zur „Nummer" wird.

Ist dem rechtsuchenden Bürger kein Rechtsanwalt persönlich bekannt, kann ein Hinweis von einem Vertreter eines Gerichtes (Rechtsanwender) im Rahmen von Amtstagen im „Notfall" eine gewisse Hilfe darstellen. Als ich zu Beginn dieser Bauprozesse auf der Suche nach einem geeigneten Rechtsanwalt war, bin ich leider nicht auf die Idee gekommen, mich diesbezüglich an ein Gericht zu wenden. Von dieser Möglichkeit habe ich erst viel später – im Zuge eines Gesprächs in einem Gericht – erfahren. Tatsächlich bin ich dann später diesem Rat gefolgt, musste jedoch feststellen, dass es bei dem genannten Rechtsanwalt zwar, was die Abrechnung seiner Dienstleistungen betraf, um einen geeigneten Anwalt handelte, er jedoch nur wenig geeignet war, mich in Bauprozessen professionell zu vertreten.

Natürlich zweifle ich nicht daran, dass es auch Rechtsanwälte und Mitglieder in Rechtsanwaltskammern gibt, welche ihre Arbeit professionell und ihrem gesetzlichen Auftrag entsprechend für ihren jeweiligen Mandanten dessen Interesse wahrend erledigen (und fachlich auch dazu imstande sind). Das Problem besteht darin, dass man es als Nichtjurist schwer hat, die richtige Wahl zu treffen und in Menschen natürlich auch nicht hineinschauen kann. Anders ausgedrückt, es war mir in all den

Jahren nicht gelungen, einen Rechtsanwalt zu beauftragen, welcher willens und in der Lage war, meine Zivilgerichtsverfahren professionell und für mich Interesse wahrend zu führen.

Der Rechtsanwalt ist per Gesetz Unternehmer und nicht Konsument und als so genannter „Freiberufler" tätig. Als spezielles Gesetz für ihn gilt die RAO, die Rechtanwaltsordnung mit dem Rechtsanwaltstarif- und Honorarrecht (RATG):

Einen Rechtsanwalt mit seiner Vertretung zu beauftragen, ist für jeden Mandanten eine Sache des Vertrauens und jedenfalls mit einigem Risiko verbunden. Den ersten Vertrauenstest stellt dar, ob der Anwalt einem künftigen Mandanten eine schriftliche Vollmacht als rechtliche Basis für die Zusammenarbeit und Entlohnung für die Dienstleistungen des Anwaltes zur Unterschrift vorlegt oder nicht. Ist der Mandant nicht ein erfahrender Rechtsuchender und kennt den Umgang mit Rechtsanwälten nicht, hat er nach meiner Erfahrung keine Möglichkeit, den „tatsächlichen Inhalt" und die daraus folgenden möglichen rechtlichen Konsequenzen der ihm zur Unterschrift vorgelegten Vollmacht zu verstehen bzw. abzuschätzen. Üblicherweise ist einem rechtsuchenden Nichtjuristen der Inhalt der RAO und des RATG gar nicht oder bestenfalls nur in einem geringen Umfang bekannt. Aber diese Gesetze gelten, wenn der Mandant einem Anwalt eine Vollmacht überträgt.

Wie ich im Rahmen meiner Zivilgerichtsverfahren ebenfalls von einem Rechtsanwalt erfahren habe, haben Rechtsanwälte auch die Möglichkeit, mit einem oder auch mehreren anderen Rechtsanwälten) eine Rechtsanwaltskanzlei in der Rechtsform einer „Gesellschaft bürgerlichen Rechts" gemäß § 1a (1), (vgl. RAO, Seite 5) zu führen. Diese von Anwälten gewählte

Rechtsform ist der Vollmacht dieser Anwälte <u>nicht</u> zu entnehmen, es scheinen nur Namen von Rechtsanwälten auf.

Dies bedeutet für einen Mandanten, welcher eine Vollmacht unterschreibt, auf der zumindest zwei Rechtsanwälte namentlich angeführt sind (es können wie gesagt natürlich auch noch wesentlich mehr sein), dass jeder der auf der Vollmacht namentlich angeführten Rechtsanwälte ihn vertreten kann (möglicherweise sogar, ohne dass ihm das bewusst wird).

In einem schriftlichen Auftrag (oder auch in seiner Vollmacht) an den Rechtsanwalt sollte unbedingt festgehalten werden, welche Honorarvereinbarung getroffen wurde. Jede Änderung sollte ebenfalls schriftlich vereinbart werden.

Rechtsanwälte bieten einem Mandanten auch die Unterzeichnung einer schriftlichen Vollmacht oft gar nicht an, da eben dann die praktische, vom Mandanten widerspruchslos zugelassene (Duldung) anwaltliche Tätigkeit ja die Erteilung einer (mündlichen) Vollmacht rechtliche Geltung hat. Dies kann natürlich im Streitfall zu Problemen insofern führen, da dem Anwalt ja der gesamte Inhalt der RAO mit der Auslegung und des RATG in seinem Sinne als Beweis zur Verfügung steht. Wie ich aus Erfahrung weiß, wird von Rechtsanwendern primär das geglaubt, was Anwälte im Rahmen von Zivilgerichtsverfahren gegen sie selbst aussagen. Eine Möglichkeit als Rechtsanwalt (in einem Zivilgerichtsverfahren gegen sie selbst) kann auch darin liegen, „zur Überraschung des Mandanten" so genannte „interne Notizen" des Rechtsanwaltes zum „Beweis" vorzulegen. Gerade diese Methode <u>gewisser</u> Rechtsanwälte könne gegebenenfalls zeigen, mit welch einem moralischen Niveau von bestimmten „Rechtsvertretern" der rechtsuchende Mandant konfrontiert sein kann.

Wesentlich ist dabei auch, dass Rechtsanwälte, welche sich in einem Verfahren gegen sie selbst vertreten und damit ganz anders vor Gericht agieren können als ein Rechtsuchender, der sich durch einen Anwalt vertreten lassen muss. Der vertretene Rechtsuchende ist dabei auf die entsprechenden Aktenkenntnisse dieses Anwaltes und seinen guten Willen angewiesen, gegen einen Anwaltskollegen Interesse wahrend für seinen Mandanten im Rahmen der Verhandlungen und auch außerhalb von solchen tätig zu sein. Aufschlussreich für mich war, dass manche Rechtsanwälte es ablehnen, Zivilgerichtsverfahren gegen einen ihrer Kollegen zu führen. Heute glaube ich zu wissen, warum! Solche Anwälte tun das vielleicht, um einen Rechtsuchenden zu schützen und vor Enttäuschungen zu bewahren, weil sie wahrscheinlich hinter die Kulissen von Rechtsanwaltskammern und der „geschlossenen Gesellschaft" Einblick haben.

Üblich ist offensichtlich, und der Mandant erfährt dies manchmal nur auf Umwegen, dass zwischen den Anwälten bei einem Anwaltswechsel (aus welchem Grund auch immer) „das Telefon heiß läuft". Ebenfalls üblich ist, dass Rechtsanwälte einen zu vereinbarenden Betrag vom künftigen Mandanten wollen, wenn dieser gezwungen ist, einen Anwaltswechsel im Rahmen eines noch laufenden Zivilgerichtsverfahrens vorzunehmen. Der Anwalt will diesen Betrag für das Studium der übernommenen Akten in diesem Verfahren und eventuell erforderlicher zusätzlicher Gespräche mit dem Mandanten. Wenn der Anwalt das tatsächlich tut und den Akt wirklich studiert, kann die „Ablösezahlung" auch gerechtfertigt an. Aber ich habe auch in Erinnerung, dass ein Anwalt für das Aktenstudium Geld wollte und auch erhielt, aber sich dann bei dem Gespräch mit ihm herausstellte, dass er vom Inhalt des Aktes keine Kenntnis hatte. Dieser Anwalt war auch nicht bereit, mir das Geld wieder zurückzugeben.

Ich erspare dem Leser weiter Ausführungen zu diesem Rechtsvertreter, möchte jedoch dazu abschließend festhalten, dass in dem Gerichtsverfahren gegen ihn der Rechtsanwender diesen Anwalt hinsichtlich der Irrtumsbehauptung nicht als Unternehmer qualifizierte, was rechtlich natürlich völlig unzutreffend war und ist. Ob dieser Rechtsanwender in Unkenntnis über die Gesetzeslage war oder „seine Auslegung" des Gesetzes andere Gründe hatte, wurde mir nicht bekannt.

Die Dienstleistungen eines Anwaltes sind im Rahmen des Rechtsanwaltstarif- und Honorarrechts (RATG) zu honorieren. Den Anwälten stehen jedoch auch andere Vergütungsformen zur Verfügung.

Aus Sicht von Rechtsuchenden sollte gesetzlich festgelegt werden, dass die Honorierung eines Anwaltes nach RATG als vereinbart gilt, wenn keinerlei anders lautende schriftliche Vereinbarung (mit Unterschrift des Rechtsuchenden und des Anwaltes) zwischen dem Rechtsanwalt und dem Mandanten getroffen wurde.

Rechtsanwälte haben nur mehr geringes Interesse, Mandanten aufgrund des RATG zu vertreten. Sie tendieren zur Vertretung nach den AHK (Allgemeinen Honorarkriterien), weil so für sie der finanzielle Spielraum (zum finanziellen Nachteil des jeweiligen Mandanten) größer wird.

Bei Google – Eingabe AHK – ist folgende Möglichkeit anzuklicken: *Allgemeine Honorarkriterien (AHK) Jusline Österreich.* Sodann erscheint folgender Hinweis:

„Die AHK (Allgemeinen Honorarkriterien) sind kein Bundes- oder Landesgesetz, sondern vom Österreichischen Rechtsanwaltskammertrag beschlossen und kundgemacht.

Der Österreichische Rechtsanwaltskammertag (ÖRAK) ist die Dachorganisation der neun Rechtsan-

waltskammern in Österreich, zur Wahrung der Rechte und Angelegenheiten der österreichischen Rechtsanwaltschaft in ihrer Gesamtheit sowie ihrer Vertretung berufen. Die ÖRAK ist eine Körperschaft öffentlichen Rechts."

Vor den AHK gab es die Allgemeinen Honorarrichtlinien (vgl. RAO, AHR IV/2, Seite 151–164). Ob diese AHR deswegen nicht mehr existieren, könnte damit zusammenhängen, dass diese möglicherweise kartellrechtlich „nicht geeignet" waren. Ob dies bei den AHK ebenfalls zutreffend ist, erscheint möglich. Derzeit ist mir jedoch nicht bekannt, dass die staatliche Kartellbehörde gegen die AHK für Rechtsanwälte eingeschritten wäre.

Natürlich kann ein Mandant einen Rechtsanwalt nicht haftbar machen, wenn ein Prozess anders ausgeht, als er es „prophezeit" hat, vorausgesetzt, dieser hat seine gesetzlich geregelte Plicht tatsächlich erfüllt. Das Prozessrisiko trägt immer der Mandant und nicht der Anwalt (leider auch, wenn der Rechtsanwalt den Mandanten nicht dem Gesetz entsprechend vertritt und Fehler des Anwaltes prozessentscheidend und negativ für den Mandanten waren).

Ein Anwalt muss, wie gesagt, seinen Mandanten gemäß § 9 (1) (vgl. RAO, Seite 16) nach dem Gesetz vertreten:

„Der Rechtsanwalt ist verpflichtet, die übernommenen Vertretungen dem Gesetz gemäß zu führen und die Rechte seiner Partei gegen jedermann mit Eifer, Treue und Gewissenhaftigkeit zu vertreten. ..."

Der interessierte Leser kann sich online Gesetzestexte ansehen und wie folgt dabei vorgehen (Beispiel):

- z. B. Im Google als Suchbegriff eingeben: *RIS*

- sodann *Bundesrecht* anklicken (Anmerkung: bereits voreingestellt)

- sodann *Bundesrecht (konsolidiert)* anklicken

- sodann in Spalte *Titel* eingeben

- *sodann in Spalte von:* 9 eingeben (wenn man sich nur den Gesetzestext des § 9 ansehen will)

- sodann auf *„Suche starten"* klicken

Besondere Vorsicht ist geboten, wenn der Anwalt seine Dienste entsprechend dem § 2 (1) und (2) RATG (vgl. Seite 119, RATG) vereinbaren will.

§ 2 (1) RATG *„Durch den Tarif wird das Recht der freien Vereinbarung nicht berührt.*

§ 2 (2) RATG *„Auch wenn eine Entlohnung nicht vereinbart wurde, kann der Rechtsanwalt einen durch besondere Umstände oder durch eine von seiner Partei veranlasste besondere Inanspruchnahme gerechtfertigten höheren Anspruch als im Tarif vorgesehen gegen diese Partei geltend machen.*

Damit Rechtsanwälte die Unkenntnis eines Rechtsuchenden hinsichtlich der Abrechnung von Dienstleistungen nicht ausnutzen können, müsste gesetzlich fixiert sein, dass ausschließlich Abrechnungen nach RATG im Sinne des normalen Tarifes, welche in Zivilgerichtsverfahren von den Gerichten auch zugesprochen werden, Geltung haben.

Abweichungen von dieser sodann hoffentlich bald gesetzlich fixierten Abrechnung von Dienstleistungen der Rechtsanwälte, wie oben angeführt, müsste dieser durch einen schriftlichen Beweis, welcher vom ihm und vom Mandanten unterschrieben sein und mit dem Gültigkeitsdatum ab ... versehen sein muss, dem Gericht vorlegen.

In einem Gerichtsverfahren können nur die Kosten gemäß dem RATG zum Ersatz bei Gericht beantragt werden. Die Mehrkosten aus dem Differenzbetrag (Kosten gemäß dem RATG im Vergleich zu denen gemäß den

AHK oder gemäß dem § 2 (1) und (2) RATG) bekommt der Rechtsuchende in einem Gerichtsverfahren nicht ersetzt, auch wenn er dieses Verfahren gewinnt.

Für Dienstleistungen von Rechtsanwälten in Zivilgerichtsverfahren gilt gemäß § 3 RATG folgende Bemessungsgrundlage (vgl. Seite 119, RATG).

§ 3 RATG: *„Der für die Anwendung eines bestimmten Tarifsatzes maßgebende Betrag (Bemessungsgrundlage) ist im Zivilprozess nach dem Wert des Streitgegenstandes zu berechnen."*

Insbesondere weise ich auf folgende Tarifposten hin (vgl. RATG Seite 133–150):

Tarifpost 1:

i: in allen Verfahren für folgende Schriftsätze

a) bis g) so genannte einfache bzw. kurze Schriftsätze wie Anzeigen und Ansuchen, Erklärungen, Anträge usw. an das Gericht

ii: im Zivilprozess

a) bis i) Anträge bis Berufungsbeantwortungen

iii: hier nicht relevant

Tarifpost 2:

i: für folgende Schriftsätze

1: im Zivilprozess

a) aufgehoben seit 1983

b) bis e) Klagen, Klagebeantwortungen, Ankündigungen und Anträge, sonstige Schriftsätze

2) bis 4) hier nicht relevant

ii: für folgende Tagsatzungen (= mündliche Verhandlungen bei Gericht)

Verloren im „Rechtsstaat"

1: im Zivilprozess

a) bis e) Tagsatzungen verschiedener Art

2) bis 4) hier nicht relevant

Tarifpost 3: A

i: für folgende Schriftsätze

1: im Zivilprozess

a) Klagen, soweit sie nicht unter Tarifpost 2 fallen

b) bis e) Schriftsätze verschiedener Art

2) bis 5) hier nicht relevant

ii: für folgende Tagsatzungen (= mündliche Verhandlungen bei Gericht)

1: im Zivilprozess

für alle Tagsatzungen, soweit sie nicht unter Tarifpost 2 fallen

2) hier nicht relevant

Tarifpost 3: B

i: für Berufungen, Berufungsbeantwortungen, soweit sie nicht unter Tarifpost 1) fallen

1a) für bestimmte Schriftsätze

ii: für mündliche Verhandlungen über eine Berufung

Tarifpost 3: C

i: für Revisionen, Revisionsbeantwortungen sowie Rekurse und Rekursbeantwortungen

ii: für mündliche Verhandlungen über eine Berufung

Tarifpost 3: D hier nicht relevant

Tarifpost 4: hier nicht relevant

Tarifpost 5:

Verfassung und Abfertigung von einfachen Schreiben usw. Entlohnung mit einem eigenen Tarif entsprechend der jeweiligen Bemessungsrundlage ...

Tarifpost 6:

Verfassung und Abfertigung von Briefen anderer Art usw. Entlohnung mit dem doppelten Tarif vom Tarifposten 5 ...

Tarifpost 7:

Für Geschäfte außerhalb der Rechtsanwaltskanzlei, die auch von einem Rechtsanwaltsgehilfen erledigt werden können, z. B. Erhebungen im Grundbuch usw., mit der gleichen Entlohnung wie nach dem Tarifposten 6, jedoch mit einer Obergrenze ....

Tarifpost 8:

Für Besprechungen aller Art auch im Fernsprechwege ... nach einer eigenen Bemessungsgrundlage und eigenem Tarif mit Obergrenze ...

Tarifpost 9:

Bei Vornahme von Geschäften in gerichtlichen Verfahren außerhalb des Ortes, an dem sich die Kanzlei des Rechtsanwalts befindet, Reise- und Übernachtungskosten ...

Die Einheitssätze für Nebenleistungen sind im § 23 RATG des Rechtsanwaltstarifgesetzes (vgl. RATG, Seite 129ff) geregelt.

§ 23 (1) lautet: *„Bei Entlohnung von Leistungen, die unter die Tarifposten 1, 2, 3, 4 und 7 fallen, gebührt an Stelle aller unter die Tarifposten 5, 6 und 8 fallenden Nebenleistungen und anstelle des Ersatzes für die Postgebühren im Inland ein Einheitssatz."*

(2) Der Rechtsanwalt kann jedoch gegenüber der von ihm vertretenen Partei statt des Einheitssatzes für die

Nebenleistungen die im Abs. (1) angeführten Nebenleistungen verrechnen.

(3) Der Einheitssatz beträgt bei einem Streitwert bis einschließlich Euro .... 60 v. H.; bei einem Streitwert über Euro .... 50 v. H. der Verdienstsumme ausschließlich der Reisekosten, der Entschädigung für Zeitversäumnis und der sonstigen Auslagen.

(4) Gilt nur für besondere Fälle und ist hier nicht relevant.

(5) „Für Leistungen, die unter die Tarifpost 3 Abschnitt A. Z: II; Abschnitt B: Z: II oder Tarifpost 4 Abschnitt I Z: 5. 6. Abschnitt II fallen, ist der auf diese Leistung entfallende Teil des Einheitssatzes doppelt zuzusprechen, wenn der Rechtsanwalt die Leistung an einem Ort außerhalb des Sitzes seiner Kanzlei vornimmt oder mit der Vornahme dieser Leistung einen anderen Rechtsanwalt beauftragt und keinen Anspruch auf Ersatz der Reisekosten und auf Entschädigung für Zeitversäumnis geltend macht oder das Gericht ihm einen solchen Anspruch nicht zuerkennt, weil er sich durch einen am Gerichtsort ansässigen Rechtsanwalt hätte vertreten lassen können.

Die Abschnitte 6 bis 8 und 10 des § 23 RATG sind hier nicht relevant.

RATG § 23 (9) (vgl. RATG, Seite 130): *„Im Berufungsverfahren in denen keine Beweise aufgenommen oder keine sonstigen Ergänzungen des Verfahrens vorgenommen werden, ist für die Berufung und die Berufungsbeantwortung der auf diese Leistungen entfallende Teil des Einheitssatzes dreifach – im Fall der Verrichtung einer Berufungsverhandlung nach Abs. 5 vierfach – zuzusprechen; damit sind auch alle mit der Verrichtung der Berufungsverhandlung verbundenen Leistungen abgegolten.“*

Es wird der Zeitpunkt kommen, wo nur mehr Rechtsschutzversicherte bzw. indirekt damit deren Versicherungsgesellschaften sich vor Gerichten „bekämpfen". Spätestens dann müssen auch Politiker offiziell zugeben, dass wir in Österreich in keinem Rechtsstaat mehr leben, weil große Teile der Bevölkerung ohne Rechtsschutzversicherung es sich finanziell nicht mehr leisten können, ihr Recht vor Gericht zu suchen und die staatlichen Gerichtskosten permanent steigen, um das Budgetdefizit nicht noch mehr anwachsen zu lassen.

Auch Ansuchen um Rechtshilfe bei Gericht, also um einen „Pflichtverteidiger" stellen keine wirkliche Hilfe in der Praxis dar. Dass so genannte Pflichtverteidiger wahrscheinlich nicht sehr motiviert sind (ich habe da keine persönliche Erfahrung, da ich keinen gebraucht habe), seinen Mandanten auf professionelle Art zu vertreten, ist in unserer Leistungsgesellschaft, wo vielfach die Jagd nach dem Geld Priorität hat, zu befürchten:

Normale Bürger als Rechtsuchende haben keine Lobbyisten, Rechtsanwälte haben eine Sonderstellung, Österreich ist ja bekanntlich ein Kammerstaat. Es soll einmal wahr gewesen sein, dass Rechtsanwender die unterschiedlichen fachlichen Qualitäten der Rechtsvertreter von privaten Klägern und Beklagten, insbesondere Konsumenten, im Rahmen von Gerichtsverfahren berücksichtigt haben sollen. Ich habe dies leider nie erlebt, sondern das Gegenteil. Insbesondere sind die Rechtsanwaltsordnung (RAO) wie auch das Rechtsanwaltsgesetz (RATG) so formuliert, dass der unerfahrene Nichtjurist gar nicht wissen kann, welche „Möglichkeiten" ein Rechtsanwalt vor Gericht hat, wenn ein Rechtsuchender das große Wagnis eingeht, eine Klage bei Gericht gegen einen Rechtsanwalt einzubringen.

In diesem Zusammenhang ist davon auszugehen, dass die Menschenrechte, insbesondere die „Gleichheit vor dem Gesetz", nicht die Geltung haben, die der Rechtsuchende erwarten können sollte. Rechtsanwälte sind, so habe ich es in der Praxis erlebt, gleicher vor dem Gesetz, wenn sie selber in einem Gerichtsverfahren als Kläger oder Beklagter involviert sind.

Ein Rechtsanwalt hat zwar eine Haftpflichtversicherung abzuschließen, diese ist jedoch nicht vergleichbar mit einer gesetzlichen Autohaftpflichtversicherung; er wehrt sich („mit Händen und Füßen") eine Schadensmeldung an diese Versicherung abzugeben, da sich dadurch seine Prämie erhöht usw. Als ehemaliger Mandant eines Rechtsanwaltes hat man im Streit zwei Gegner, den Anwalt und seine Versicherung im Hintergrund.

Ein Rechtsanwalt kann sich, wenn seine Haftpflichtversicherungsgesellschaft ihm das „fachlich zutraut", in seinem eigenen Verfahren gegen ihn vor Gericht selbst vertreten (er ist ja Anwalt). Er trägt bei einem Gerichtsverfahren gegen ihn und bei einem Urteil gegen ihn nur den Schaden seines Verdienstausfalls wegen der eigenen Vertretung im eigenen Verfahren und den Schaden wegen einer möglichen Prämienerhöhung bei seiner Haftpflichtversicherung, wenn er den Prozess verlieren sollte. Die Meldung über seinen Prozessverlust bei einem Verfahren eines Mandanten gegen seinen früheren Anwalt an eine Rechtsanwaltskammer mag unangenehm für ihn sein.

Wenn Rechtsvertreter von einem Unternehmen beauftragt wurden, können erstere natürlich viel eher mit laufenden Aufträgen von diesem rechnen und zeigen dadurch natürlich – im Rahmen ihrer Vertretungstätigkeit – ein höheres Engagement als bei einem Auftrag eines Konsumenten. Rechtsvertreter haben dadurch aber auch kaum wesentliche Kenntnisse hinsichtlich des Konsumentenschutzgesetzes, weil sie natürlich mehrheitlich Unternehmer vertreten. Dazu kommt noch, dass das Konsumentenschutzgesetz (KschG) so formuliert ist, dass das so genannte Richterrecht eine hohe Bedeutung hat.

Meine Beschwerden bzw. Disziplinaranzeigen an die Rechtsanwaltskammer brachten keinen Erfolg, ließen jedoch klar erkennen, welche Einstellung die Entscheidungsträger dieser Kammer hinsichtlich ihrer Mitglieder haben. Ich versuchte auch über die Volksanwaltschaft die Rechtsanwaltskammer hinsichtlich des negativen Verhaltens bestimmter Mitglieder dieser Kammer zu informieren. Auch dies brachte keinen Erfolg, weil die Volksanwaltschaft keine tatsächliche, gesetzesbasierte Befugnis bezüglich der Rechtsanwaltskammern hat, und die an eine Rechtsanwaltskammer gerichteten Schreiben seitens der Volksanwaltschaft nach meinem Kenntnisstand von dieser Kammer nicht sehr ernst genommen werden.

In diesem Zusammenhang fand ich die folgende Entscheidung des Obersten Gerichtshofes aus eigenem Erlebnis, wie oben angeführt, bestätigt:

OGH 6Bkd2/95; 9Bkd1/98

„Achtung, Österreicher, Österreicherinnen. Aus gegebenem Anlass bringen wir zur Kenntnis, dass die Disziplinargerichtsbarkeit für Rechtsanwälte und die Handhabung derselben durch die Rechtsanwaltskammern die Klienten schädigt und uns Rechtsanwälte willkürlich und menschenrechtswidrig behandelt." ...

„Salzburger Rechtsanwälte: Dr. xxx."

„Achtung, Österreicher, Österreicherinnen! Wir habe es gewagt, öffentlich die geheime Disziplinargerichtsbarkeit der Rechtsanwaltskammern zu kritisieren." ... *„Wir werden uns von diesem System nicht mundtot machen lassen, sondern weiterhin Unrecht schonungslos*

aufzeigen. Dies auch im Interesse der rechtsuchenden Bevölkerung."

Die vollständigen Entscheidungen des Obersten Gerichtshofes kann sich der interessierte Leser mittels des RIS online ansehen (und dabei wie folgt vorgehen):

- Zum Beispiel In Google eingeben: *RIS* (als Suchbegriff)
- sodann *Justiz (OGH OLG LG BG)* anklicken
- in Spalte Gericht *OGH* eingeben
- die Entscheidung *6Bkd2/95* in der Spalte *Geschäftszahl* eingeben
- und dann auf *„Suche starten"* klicken

Bezeichnend für mich war ein Telefonat mit einem so genannten Kammeranwalt einer Rechtsanwaltskammer (ich hoffe, dass ich diese Berufsbezeichnung „Kammeranwalt" zutreffend in Erinnerung habe und hier richtig wiedergebe), der u.a. sinngemäß meinte:

Wir Rechtsanwälte sind bis zum Obersten Gerichtshof hinauf vertreten.

Was sich dieser Kammeranwalt bei dieser Äußerung gedacht hat, weiß ich natürlich nicht. Möglicherweise wollte er mir damit indirekt sagen: eine Klage gegen einen Rechtsanwalt hat kaum Aussicht auf Erfolg für einen normalen Rechtsuchenden. Das Erschreckende ist, er hatte tatsächlich Recht (wenn er es so gemeint hat), zumindest in meinen unten dargestellten Fällen.

Die Pflege von Recht und Gesetz kann auch durchaus zu einer Geschäftssache werden. Gerichtsverfahren (zumindest gegen Anwälte, aber nicht nur solche) zu vermeiden – nach dem Motto, man soll dem schlechten Geld nicht auch noch gutes nachwerfen – kann daher durchaus als ein guter Rat aufgefasst werden.

Rechtsanwälte können im Rahmen eines Zivilge-richtsverfahrens gegen sie per Antrag an das Gericht durchsetzen, dass eine von einem ehemaligen Mandan-ten und Kläger eingereichte Feststellungsklage gemäß § 228 ZPO im Betrag derart erhöht wird, dass nicht rechtschutzversicherte Konsumenten das Verfahren aus finanziellen Gründen nicht weiter führen können und damit auch die gesamten Anwalts- und Gerichtskosten zahlen müssen, ohne dass der klagende Mandant eine Chance hatte, den Rechtsanwalt gerichtlich zur Ver-antwortung zu ziehen. Der Rechtsanwalt weiß ja, dass der ehemalige Mandant und nunmehrige Kläger nicht rechtschutzversichert ist. Natürlich können Rechtsan-wender überhöhte Summen für Feststellungsklagen (die natürlich – mit dem Betrag der Leistungsklage zu-sammen – die Basis für das jeweilige Honorar für die Rechtsanwälte sind) im Betrag herabsetzen. Aber eine Sicherheit, dass diese das auch tatsächlich tun, gibt es nicht.

Manchmal sind mir im Zusammenhang mit Rechtsan-wälten in den vergangenen 17 Jahren die Sophisten ein-gefallen, wie sie vor etwa 2.500 Jahren in einer Zeitspan-ne von etwa 70 Jahren im alten Griechenland gewirkt haben. Sophisten waren, um es kurz zu sagen, vor allem als gute Rhetoriker bekannt, welche u.a. auch im Auftrag ihres jeweiligen Mandanten vor Gericht seine Meinung (gegen Zahlung eines Honorars) vertraten und anderer-seits, wenn gewünscht, auch die gegenteilige Meinung. Sich quasi mit der Meinung nach dem Wind zu drehen, wenn erforderlich, war einer der wesentlichen Unter-schiede zu den Philosophen.

Für Sophisten stand nicht die Tugend (wie z. B. beim griechischen Philosophen Sokrates) im Vordergrund, sondern die Wissensvermittlung an Hörer verschiedener Herkunft gegen Honorar.

Ob sich Rechtsanwälte als Sophisten fühlen, will ich als Nichtjurist nicht beurteilen. Ein guter Rhetoriker ist mir bei den Rechtsanwälten nicht aufgefallen. Aber gute Rhetorik ist ja in Zivilrechtsprozessen nicht so wichtig, oder?

I.4 Zivilgerichtsverfahren

Bis zu einem gewissen Streitbetrag (dieser wird jeweils per Gesetz in gewissen Zeitabständen der Höhe nach angepasst) ist es einem Rechtsuchenden gesetzlich gestattet, sich selbst bei einem Zivilgerichtsverfahren vor einem Bezirksgericht zu vertreten. Davon ist aber abzuraten, weil Rechtsuchende bei Gericht ohne anwaltliche Vertretung meiner Erfahrung nach nicht sehr ernst genommen werden und es von einem Rechtsanwender möglicherweise für nicht zumutbar angesehen wird, der gesetzlich geregelten Aufklärungspflicht des Rechtsuchenden durch den Rechtsanwender im Verfahren im erforderlichen Umfang nachzukommen.

Als praktisches Beispiel ist hier die weiter unten dargestellte „Klage des Haustechnikplaners" anzuführen, in der ich mich im ersten Teil des Verfahrens infolge des Streitwertes, wo das gesetzlich möglich war, selbst vertreten habe.

I.5 Rechtsanwender

Menschliche Entscheidungen sind nie völlig rational, sondern stets von Emotionen gefärbt. Menschliches Denken ist immer in körperliche Empfindungen und Prozesse eingebettet, die in vollem Umfang zur Erkenntnis beitragen.

Man muss keine Erfahrungen im Zusammenhang mit Zivilgerichtsprozessen haben, um nicht auch als Nichtjurist und Konsument zu wissen, dass Rechtsanwender ebenfalls Emotionen haben und von körperlichen Empfindungen beeinflusst werden können. Rechtsanwender sind Menschen wie du und ich, haben jedoch eine entsprechende Ausbildung, die sie jedoch „in bestimmten Fällen und manchen Umständen" nicht daran hindert, nicht ihrer Verantwortung und einem entsprechend hohem moralischem Niveau gemäß in der beruflichen Praxis zu handeln und zu sprechen.

Hinsichtlich der Rechtsanwender erhebt sich jedoch schon auch die Frage, von welchen Beweggründen, Überzeugungen, möglicherweise auch von welcher vorgefassten Meinung usw. sich diese bei ihren Entscheidungen beeinflussen bzw. leiten lassen.

Die politische Herkunft der Rechtsanwender (sprich: Zugehörigkeit zu einer politischen Partei), kann durchaus eine nicht unwesentliche Rolle spielen. Ob im 21. Jahrhundert noch ein Proporzdenken bei der Bestellung von Rechtsanwendern im Vordergrund steht, kann von Außenstehenden wohl nur schwer beurteilt werden. In diesem Zusammenhang verweise ich auf die dargestellten, einschlägigen gesetzlichen Bestimmungen für die Bestellung von Rechtsanwendern, insbesondere im Bundesverfassungsgesetz BV-G.

Ich habe jedenfalls mehr und mehr den Eindruck gewonnen, dass die für den Bereich der Justiz politisch Verantwortlichen sich gar nicht mehr wirklich zuständig fühlen, in das bestehende Justizsystem „einzugreifen", obwohl der/die jeweilige Justizminister/-in politisch verantwortlich dafür wäre. Es fehlt hier möglicherweise an politischem Willen und an Durchsetzungskraft. Auffällig für mich war und ist, dass sich diese Verantwortlichen natürlich primär um die medienwirksamen Fälle kümmern. Diese Verantwortlichen folgen da den Medien, die sich ja auch kaum um nicht so spektakuläre Fälle kümmern, siehe die o.a. Publizierung der Liga für Menschenrechte.

Natürlich werden von „Justizpolitikern" so genannte verbale Beruhigungspillen für die Menschen in diesem Lande verteilt und Rechtsanwender usw. pauschal auffällig und auch häufig gelobt bzw. betont, wie gut deren Arbeit sei und wie fleißig diese seien. Dass dies für so manche Rechtsanwender zu Recht erfolgt, ist unbestritten. Ob dies aber pauschal gerechtfertigt ist, entspricht nicht nur meiner Erfahrung nicht.

Die psychische Belastung der Rechtsanwender im Rahmen ihrer Berufsausübung darf nicht übersehen werden. Andererseits bietet das Richter- und Staatsanwaltschaftsdienstgesetz (RDSTG) manche Vorteile für Rechtsanwender, wenn man es mit anderen Berufen (z. B. Angestellten) vergleicht. Ganz wesentliche Vorteile für Rechtsanwender sind sogar im Bundesverfassungsgesetz B-VG im Verfassungsrang verankert.

Dass die Erledigung der Pflichten eines Rechtsanwenders auch professionell erfolgen kann, habe ich selbst (allerdings in einem hier nicht weiter dargestellten Fall) bei einem Landesgericht erlebt. Dass ich diese Verfahren hier als positives Beispiel erwähne, hat nichts mit dem Prozessausgang zu tun. Ich sah in der Art der Verfahrensabwicklung durch den Rechtsanwender in

diesem Verfahren einfach nur einen (positiven) Unterschied zu der Leistung von Kolleginnen und Kollegen in
anderen Verfahren.

Rechtsanwender und deren Vereinigung wie die Rich-
tervereinigung klagen immer wieder, auch in den Medien, über eine personelle Unterbesetzung. Dies ist für
jemanden, der dieser „geschlossenen Gesellschaft" nicht
angehört, natürlich nicht nachprüfbar, aber auch nicht
nachzuvollziehen, wenn man das, was ich in den 17 Jahren bei verschiedenen Gerichten erlebt habe, berücksichtigt.

Es sind in Österreich derzeit etwa 1.700 Berufsrichter
bei den verschiedenen Gerichten tätig.

Könnte nicht ein so genannter Weisenrat, dessen
Mitglieder nicht der „geschlossenen Gesellschaft" an-
gehören, Entscheidungen bezüglich der Ablehnung von
Rechtsanwendern gemäß § 19 JN treffen, wie er bereits
vom derzeitigen Justizminister bezüglich des Weisungs-
rechts für die Staatsanwaltschaft eingerichtet wurde?

Auch was das Amtsgeheimnis betrifft, hat es sehr lange Zeit gebraucht, bis ein Umdenken erfolgt ist und nunmehr angestrebt wird, jenes endlich abzuschaffen.

Trägt die gesetzliche Fixierung der Unkündbarkeit
der Rechtsanwender in der Verfassung nicht dazu bei,
dass aufgrund der persönlichen Arbeitsweise bestimmter Rechtsanwender der zeitliche Rahmen bei Verfahren
vielfach nicht in einem noch akzeptablen Umfang für die
Rechtsuchenden gehalten werden kann?

Die Bürger eines Landes haben mit der Abtretung von
Rechten an den Staat diesem den Auftrag gegeben, sie
nach <u>außen</u>, aber auch im <u>Inneren</u> zu „beschützen". Das
war insbesondere anfangs des 17. Jahrhunderts einer der
wesentlichen verfassungsmäßigen Gedanken (auch eines
Thomas Hobbes oder eines John Locke, und im 18. Jahr-

hundert eines Rousseau). Im Rahmen des Naturrechtes, das vor der Machtaufteilung in Legislative, Exekutive und Judikative in den einzelnen Staaten vorgeherrscht hat, war noch der „Kampf jeder gegen jeden" vielfach eine nicht unübliche Form des Zusammenlebens der Menschen.

Wenn auch im 21. Jahrhundert der physische Kampf zwischen Menschen in einem demokratischen Staat nicht mehr die übliche Form des Zusammenlebens der Menschen darstellt, kann der Kampf des rechtsuchenden Bürgers mit dieser Judikative und bestimmten Mitgliedern dieser „geschlossenen Gesellschaft" unerträgliche Ausmaße annehmen.

Es steht außer Frage, dass es auch in der für das Funktionieren eines tatsächlichen Rechtstaates so wichtigen Berufsgruppe der Rechtsanwender geeignete und weniger oder auch ungeeignete Mitglieder geben kann und auch gibt. Aus der Sicht eines geschädigten Rechtsunterworfenen und Rechtsuchenden sollte gerade bei diesen naturgemäß sehr mächtigen und in gewissem Sinn auch privilegierten Angehörigen der Berufsgruppe der Rechtsanwender die gesetzlich vorgesehene Dienstaufsicht im entsprechend notwendigen Ausmaß auch tatsächlich wahrgenommen und gegebenenfalls entsprechende – gesetzlich ja gegebene – Konsequenzen gezogen werden.

Diese tatsächlich gelebten Konsequenzen der „geschlossenen Gesellschaft" gegenüber manchen Mitgliedern der „geschlossenen Gesellschaft" haben in einem demokratischen Rechtsstaat im 21. Jahrhundert keinen Platz mehr. Dafür hat der Bürger seine Freiheitsrechte nicht an den Staat abgetreten.

I.6 Sachverständige

Verständlich ist wohl für jedermann, dass kein Rechtsanwender das jeweils in einem Gerichtsverfahren erforderliche Fachwissen haben kann, um jeden Sachverhalt ohne die Hilfe von Sachverständigen aus dem jeweiligen Fachgebiet beurteilen zu können.

Falls der Rechtsanwender den Sachverhalt mangels geeignetem eigenen Fachwissen nicht selbst beurteilen kann, wird er einen (hoffentlich geeigneten) gerichtlich beeideten und zertifizierten Sachverständigen bestellen und diesen je nach Erfordernis beauftragen, eine Befundaufnahme (Augenschein nehmen, Fotos erstellen, zählen, messen, dokumentieren usw.) vor Ort durchzuführen und ein Gutachten zu erstellen. Dass Rechtsanwender nicht immer geeignete Sachverständige bestellen bzw. Sachverständige nicht immer verwertbare Gutachten erstellen, habe ich weiter unten in drei Fällen beschrieben.

Ein spezielles Problem stellt die Formulierung des Inhaltes des Gerichtsauftrages an den Sachverständigen dar. Der Rechtsanwender ist hier vielfach auf den Sachverständigen angewiesen, das heißt, der Sachverständige formuliert sich in nicht unwesentlichem Umfang seinen Auftrag an ihn selbst. Weder meinem Rechtsvertreter noch mir war in den relevanten Verfahren der ursprüngliche Auftragsinhalt an den Sachverständigen bekannt. Dieser Auftragsinhalt wurde dem Rechtsuchenden und seinem Anwalt erst durch das Gutachten zur Kenntnis gebracht, weil er dort üblicherweise vom Sachverständigen angeführt wird.

Dabei ist zu berücksichtigen, dass der jeweils Beweispflichtige, im Normalfall der Beklagte, für die Zahlung von dem vom Sachverständigen für den Auftragsumfang geschätzten und vom Rechtsanwender festgelegten Honorarvorschuss für den Sachverständigen verpflichtet ist. Zu beachten ist dabei auch, dass es dem Sachverständigen gestattet ist, unter Umständen finanzielle Nachschüsse zu verlangen, welche vom Rechtsanwender genehmigt werden müssen. Zu berücksichtigen ist, dass der Vorschuss an den Sachverständigen wie auch dessen Gesamthonorar in einem Zivilprozess keineswegs in einem vom Streitwert abhängigen Verhältnis stehen muss, das heißt, das Sachverständigenhonorar kann u.U. das Mehrfache des Streitwertes betragen.

Für die Sachverständigen (auch für Dolmetscher) gibt es ein eigenes Gesetz, das Gebührenanspruchsgesetz (GebAG), welches u.a. die Honorierung der Tätigkeiten von gerichtlich beeideten und zertifizierten Sachverständigen regelt. Sollte ein solcher Sachverständiger in einem Zivilgerichtsverfahren vom Gericht bestellt werden, empfehle ich sehr, sich mit diesem mangelhaft strukturierten Gesetz trotzdem zu befassen, um vor diesbezüglichen Überraschungen bezüglich der Honorierung von Sachverständigen möglichst verschont zu bleiben.

Insbesondere ist auf die Verpflichtung des Sachverständigen hinzuweisen, das Gericht und sodann auch die Parteien über die zu erwartende Honorarhöhe (aufgrund des schriftlich vom Rechtsanwender erteilten Auftrages an den Sachverständigen) vorab schriftlich zu informieren. Diese gesetzlich fixierte Warnpflicht des Sachverständigen ist auch dazu gedacht, der zahlungspflichtigen Partei eine diesbezügliche Entscheidungsmöglichkeit zu geben, das Verfahren weiter zu führen oder nicht; mit anderen Worten, ob die Partei es sich finanziell leisten will/kann, das Verfahren zu führen, wenn sie nicht rechtschutzversichert ist.

Verletzt der Sachverständige diese rechtzeitige Warnpflicht, kann er um sein abgerechnetes Honorar entweder ganz oder teilweise umfallen. Gerade diesbezüglich muss die zahlungspflichtige Partei die gesetzlichen Regeln der Warnpflicht genau kennen, da Rechtsanwender wie auch Rechtsanwälte sich für den Inhalt des Gebührenanspruchsgesetzes (GebAG) „erfahrungsgemäß nicht sehr interessieren".

In besonderen Fällen kann das Gericht festlegen, dass vom Staat der Honorarvorschuss an den Sachverständigen vorfinanziert wird. Welche Partei in der Folge gemäß dem Urteil die Kosten des Sachverständigen endgültig in welcher Höhe zu übernehmen hat, entscheidet der Rechtsanwender aufgrund des Urteils.

Das sodann vom Rechtsanwender den Parteien übermittelte Gutachten kann von dem Rechtsanwender dann als ein Beweis (neben anderen Beweisen, wie aufgrund vorgelegter und zum Beweis zugelassener Urkunden, Aussagen der Streitparteien, Zeugenaussagen usw.) als Grundlage für das Urteil dienen.

Sollte eine Partei mit dem Inhalt des Gutachtens nicht einverstanden sein, besteht zwar grundsätzlich die Möglichkeit, dass die Partei einen eigenen Gutachter beauftragt, Hier ist zu beachten, dass dies <u>ebenfalls</u> ein gerichtlich beeideter und zertifizierter Sachverständiger, der in der Liste der Sachverständigen eingetragen ist, <u>sein muss</u>. Der Vollständigkeit halber weise ich darauf hin, dass die gerichtlich beeideten und zertifizierten Sachverständigen in einem Verband, dem Hauptverband der Sachverständigen, zusammengeschlossen sind und die Tätigkeit als Sachverständiger nur neben ihrer normalen beruflichen Tätigkeit ausüben „sollten".

I.7 Vom Rechtsanwender festgestellter Sachverhalt als Grundlage für das Urteil

Die Grundlage jeder gerichtlichen Entscheidung ist der „Sachverhalt", der nach Meinung des Rechtsanwenders in einem Verfahren in den gerichtlichen Tatsacheninstanzen „festgestellt" wird bzw. wurde. Nur der Oberste Gerichtshof ist keine Tatsacheninstanz mehr.

Entsprechend meiner Erfahrung ist für einen Rechtsanwender aber nicht die Textauslegung und Sinnfindung das primäre Problem bei der Feststellung des Sachverhaltes, sondern oft schon vorher die ausreichende Kenntnis des Akteninhalts überhaupt. Einer meiner Anwälte meinte dazu einmal: *„Legen Sie in den Augen eines Richters zu viele Urkunden zum Beweis vor, besteht die Gefahr, dass sie der Richter gar nicht beachtet, legen Sie zu wenig Urkunden zum Beweis vor, kann sie der Richter ja gar nicht beachten und Sie haben damit dann dieses „Beweisproblem".* Diese Feststellung dieses Anwaltes trifft genau den Punkt bzw. entspricht meiner Erfahrung.

Dieser Wissenserwerb aus dem jeweiligen Gerichtsakt zwecks Stellen von fallspezifischen Fragen an die Streitparteien usw. scheint überhaupt ein Problem für Rechtsanwender darzustellen. Ich habe Verfahren in Erinnerung, wo der jeweilige Rechtsanwender für mich klar erkennbar Fragen stellte, die auf <u>nicht geeignete oder noch gar keine Aktenkenntnis</u> schließen ließen (um es höflich auszudrücken).

Urteile von Gerichten beinhalten im Normalfall Geschichten, wie sie sich dem Rechtsanwender darstellen und nach mehr oder minder umfangreichen und juristisch bestimmter Denkweise zu einem (gesetzlich gewollten) autoritären Ergebnis (also von einem Rechtsanwender „festgestellten Wirklichkeit" aufgrund seines Gesetzesauftrages) führen.

Nicht nur in einem Verfahren hatte ich den Eindruck, dass der Rechtsanwender sich eine bestimmte Meinung vorab gebildet hatte und nachher – im Rahmen der Verhandlungen – nach Argumenten suchte, um die ursprüngliche Meinung nicht ändern zu müssen.

Die Feststellung des Sachverhalts bzw. die Beurteilung des Untergerichtes kann dazu führen, dass eine oder beide Parteien Rechtsmittel (Anfechtungen durch Einbringung von Berufungen, Revisionsanträgen usw. – siehe Wikipedia unter „Rechtsmittel") gegen Gerichtsentscheidungen gemäß der geltenden Zivilprozessordnung (ZPO) bei Gericht einbringen.

Im Urteil vom Rechtsanwender festgestellte Sachverhalte lassen sich für den Rechtsvertreter eines Mandanten schwer widerlegen, da meiner Erfahrung nach Berufungsinstanzen kein sehr großes Interesse haben, sich mit dem Sachverhalt so auseinanderzusetzen, um den festgestellten Sachverhalt in einem Urteil den Fakten anzupassen bzw. die vorgelegten und zum Beweis zugelassenen Beweismittel (z. B. Urkunden) entsprechend neu zu würdigen. Ganz deutlich geworden ist dies vor allem im weiter unten dargestellten Verfahren „Klage des Tischlers".

Der dem Recht unterworfene Nichtjurist kann die rechtliche Entscheidung eines Urteils in der Realität nur bedingt verstehen, da diese Entscheidung nicht nur vom natürlich subjektiv festgestellten Sachverhalt durch den Rechtsanwender, sondern vor allem von der Interpretation einer Norm (oder auch von mehreren) abhängt (unter Berücksichtigung bestehender Rechtsprechung oder auch nicht, je nach Kenntnis und Engagement des Rechtsanwenders).

Hier kommt ganz deutlich die ungelöste Problematik „vom Rechtsstaat zum Richterstaat" voll zum Tragen. Diese Problematik ist für den „normalen" Nichtjuristen ohne entsprechende fachmännische und verständliche Aufklärung durch seinen Rechtsanwalt nur im geringen Umfang verständlich.

I.8 Vom Gesetzesstaat zum Richterstaat – Gesetzesrecht, Rechtsfortbildung, Richterrecht

Wie auch in vielen anderen Ländern gilt in Österreich das Gesetzesrecht in Form von geschriebenen Gesetzen. Wie die Gesetzgebung in Österreich erfolgt, ist z. B. bei Wikipedia („Gesetzgebungsverfahren") bzw. auch im Internet unter „Gesetzgebung" (Österreich) auch für Nichtjuristen verständlicher dargestellt.

Das vom Gesetzgeber geschaffene Recht (Gesetzesnormen) stellt primär den Ausdruck von politischen bzw. insbesondere rechtspolitischen Überlegungen und Entscheidungen dar.

Die Verfassung der Republik Österreich ist im speziell für die Gerichtsbarkeit in den §§ 82-94 B-VG geregelt. Das B-VG kann mittels des Rechtsinformationssystem Jusline online abgefragt werden.

In der Folge werden nur die §§ 83, 86, 87, 88 (2), 92, 94 (1) für die Gesetzgebung, geregelt im B-VG, angeführt:

§ 83 (1) „Die Organisation und die Zuständigkeit der ordentliche Gerichte werden durch Bundesgesetz geregelt.

(2) Niemand darf seinem gesetzlichen Richter entzogen werden."

§ 86 (1) „Die Richter werden, sofern nicht in diesem Gesetz anderes bestimmt ist, gemäß dem Antrag der Bundesregierung vom Bundespräsidenten oder aufgrund seiner Ermächtigung vom zuständigen Bundesminister ernannt, die Bundesregierung oder der Bundesminister hat Besetzungsvorschläge der durch Bundesgesetz hierzu berufenen Senate einzuholen.

(2) Der dem zuständigen Bundesminister vorzulegen-de und der von ihm an die Bundesregierung zu leitende Besetzungsvorschlag hat, wenn genügend Bewerber vorhanden sind, mindestens drei Personen, wenn aber mehr als eine Stelle zu besetzen ist, mindestens doppelt so viele Personen zu umfassen, als Richter zu ernennen sind."

§ 87 (1) *„Die Richter sind in Ausübung ihres richterlichen Amtes unabhängig.*

(2) In Ausübung seines richterlichen Amtes befindet sich ein Richter bei Besorgung aller ihm nach dem Gesetz und der Geschäftsverteilung zustehenden gerichtlichen Geschäfte mit Ausschluss der Justizverwaltungssachen, die nicht nach Vorschrift des Gesetzes durch Senate oder Kommissionen zu erledigen sind.

(3) Die Geschäfte sind auf die Richter des ordentlichen Gerichtes für die durch Bundesgesetz bestimmte Zeit im Voraus zu verteilen. Eine nach dieser Geschäftsverteilung einem Richter zufallende Sache darf ihm nur durch Verfügung des durch Bundesgesetz hierzu berufenen Senats und nur im Fall seiner Verhinderung oder dann abgenommen werden, wenn er wegen des Umfanges seiner Aufgaben an deren Erledigung innerhalb einer angemessenen Frist gehindert ist."

§ 88 (1) hier nicht relevant

(2) „Im Übrigen dürfen Richter nur in den vom Gesetz vorgeschriebenen Fällen und Formen und auf Grund eines förmlichen richterlichen Erkenntnis ihres Amtes entsetzt oder wider ihren Willen oder an eine andere Stelle oder in den Ruhestand versetzt werden. Diese Bestimmungen finden jedoch auf Übersetzungen oder Versetzungen in den Ruhestand keine Anwendung, die durch eine Änderung der Gerichtsorganisation nötig werden. In einem solchen Fall wird durch das Gesetz festgestellt,

innerhalb welchen Zeitraumes Richter ohne die sonst vorgeschriebenen Förmlichkeiten übersetzt und in den Ruhestand versetzt werden können.

(3) Eine zeitweise Enthebung der Richter vom Amt darf nur nach Verfügung des Gerichtsvorstehers oder Gerichtspräsidenten oder der übergeordneten Gerichtsbehörde bei gleichzeitiger Verweisung der Sache an das zuständige ordentliche Gericht stattfinden."

§ 92 (1) „Oberste Instanz in Zivil- und Strafrechtssachen ist der Oberste Gerichtshof."

(2) hier nicht relevant

§ 94 (1) „Die Justiz ist von der Verwaltung in allen Instanzen getrennt."

(2) hier nicht relevant

Da die im Rahmen der „Rechtsfortbildung" getroffenen Entscheidungen durch Rechtsanwender nicht unter die geschriebenen Gesetze im Sinne des § 3 ABGB fallen, können solche Entscheidungen unter den Begriff „Gesetz" insofern subsumiert werden, als die gesetzliche Wirkungsmacht erst mit der Rechtskraft der Entscheidung (des Urteils) durch den jeweiligen Rechtsanwender (auch im Rahmen der Rechtsfortbildung) gegeben ist.

§ 3 ABGB Anfang der Wirksamkeit eines Gesetzes: „Die Wirksamkeit eines Gesetzes und die daraus entspringenden rechtlichen Folgen nehmen gleich nach der Kundmachung ihren Anfang, es wäre denn, dass in dem kundgemachten Gesetze selbst der Zeitpunkt seiner Wirksamkeit weiter hinaus bestimmt wurde."

§ 2 ABGB: „Sobald ein Gesetz gehörig kundgemacht worden ist, kann sich niemand damit entschuldigen, dass ihm dasselbe nicht bekannt gewesen sey."

Dass sich der Gesetzgeber, wie im § 2 ABGB angeführt, absichert und der Bürger die rechtzeitige Kenntnis von der Existenz, dem Inhalt und der Wirkung (juristischen Bedeutung) der Gesetze haben muss, kann man nachvollziehen, wenn auch praktisch jedem Menschen klar sein muss, dass dies natürlich reine Theorie ist.

Je abstrakter die Formulierungen und je weiter Gesetzestexte von Formulierungen in „normaler Sprache" entfernt sind, desto beachtenswerter wird die Formulierung für die juristische Intelligenz und dem Fachpublikum gesehen. Der nicht juristisch geschulte Bürger, der aber die Gesetze auch einzuhalten hat, bleibt dabei auf der Strecke, Er ist vielfach nicht nur überfordert, es führt auch zu Missverständnissen zwischen einem Rechtsanwalt und seinem Mandanten.

Wenn auch ein Rechtsunterworfener der Überzeugung ist, alle geschriebenen Gesetze eingehalten zu haben, sollte er trotzdem noch lange nicht sicher sein, ein Gerichtsverfahren auch zu gewinnen. Für den Rechtsunterworfenen zählt in einem Gerichtsverfahren immer nur das rechtskräftige Urteil.

Es gibt für einen Rechtsanwender auch keine negativen Konsequenzen, wenn er von der ständigen Rechtsprechung abweicht. Aber er müsste in diesem Fall die ordentliche Revision gemäß § 502 Abs: 1 ZPO zulassen, wenn alle anderen Voraussetzungen, die in diesem § 502 Abs. 1 ZPO festgelegt wurden, gegeben sind.

Aber selbst dann, wenn der Rechtsanwender des Untergerichtes der gesetzlichen Bestimmung des § 502 (1) ZPO nicht folgt, hat dies für ihn keine negativen Konsequenzen, wie der unten angeführte Ausgang des Verfahrens „Klage gegen den Architekten" beweist. Das ist halt im „Rechtsstaat" Österreich so! Das ist eben gelebtes Menschenrecht.

Die von Rechtsanwendern in einem Gerichtsverfahren entsprechend § 12 ABGB gefällten rechtskräftigen

Urteile haben zwar für dieses bestimmte Verfahren sodann „Gesetzeskraft" erlangt, aber nicht den Stand eines geschriebenen Gesetzes im Rahmen des Gesetzgebungsverfahrens durch die gesetzgebende Körperschaft (z. B. Nationalrat).

§ 12 ABGB: Richterliche Aussprüche: „Die in einzelnen Fällen ergangenen Verfügungen und die von Richterstühlen in besonderen Rechtstreitigkeiten gefällten Urteile haben nie die Kraft eines Gesetzes, sie können auf andere Personen nicht ausgedehnt werden."

Für Gesetzeslücken fand naturgemäß kein Gesetzgebungsverfahren statt.

„Eine Gesetzeslücke (oder Rechtslücke) ist ein Begriff aus der rechtspolitischen Diskussion, ein politisches Schlagwort und ein Begriff der juristischen Methodenlehre, der eine Konstellation beschreibt, in welcher der Gesetzgeber einen Fall nicht geregelt hat, den er erkennbar geregelt haben würde, wenn er die Regelungsbedürftigkeit erkannt hätte." (vgl. Wikipedia, „Gesetzeslücke")

Es gibt auch planmäßige Gesetzeslücken, d. h. der Gesetzgeber wollte aus bestimmten Gründen gar kein Gesetz schaffen und überlässt es den Rechtsanwendern, als letzte Instanz dem Obersten Gerichtshof, diese planmäßige Lücke zu schließen. Damit werden die Fälle, die ohne geschriebenes Gesetz entschieden werden müssen, zum so genannten „Fallrecht", welches nicht durch demokratisch gewählte Vertreter des Staates geschaffen wird.

Da richterliche Entscheidungen durch den jeweiligen Rechtsanwender für alle Akten, welche ihm zugewiesen werden, auch getroffen werden müssen, müssen diese Entscheidungen auch durch den Rechtsanwender begründet werden.

Meine Aufgabe als Nichtjurist bestand natürlich nicht darin, mich mit allen rechtswissenschaftlichen Teilgebieten zu befassen und diese in diesem Buch darzustellen. Dies war nie das Ziel, das ich verwirklichen wollte. Was ich wollte und will, habe ich im Vorwort dieses Buches dargelegt.

Insbesondere Nichtjuristen finden im Internet Informationen zum Thema „Grundzüge der juristischen Methodenlehre" (Bydlinski, Kapitel A–D). Aufgabe der juristischen Methodenlehre ist es, zur verfassungsmäßigen und sachgerechten Rechtsfindung beizutragen.

Wenn ich der Meinung mancher in diesen Verfahren kennengelernten Juristen folge und diese hier so wiedergebe, haben wir in Österreich keine juristische Methodenlehre, die entsprechend dem demokratisch-normativen Auftrag in jeder Art der Rechtsschöpfung im Rahmen einer modernen Verfassung hinreichend „adressenorientiert" wäre. Vielmehr ist diese primär normen-, also „gesetzesorientiert". Der Inhalt von Gesetzen hängt dabei auch wesentlich von wechselnden juristischen Methoden ab.

Die heutige, sich immer schneller verändernde Industrie- und Dienstleistungsgesellschaft hat zur Folge, dass immer größere Anteile des geltenden Rechts nicht mehr von gesetzgebenden Organen (primär vom Nationalrat in Österreich) geschaffen werden, sondern von den Rechtsanwendern, insbesondere vor allem der jeweils obersten und letzten Instanz der Gerichte.

Ein typischer Vorgang ist, dass ein neues Gesetz zwar durch den Gesetzgeber beschlossen wird, man dann aber abwartet, „wie sich die Judikatur (des Obersten Gerichtshofes) dazu entwickelt": Damit kann jeder Rechtsunterworfene leicht feststellen, wo die praktische „Entscheidungsmacht" (= „Gesetzwerdungsmacht") in der Praxis vielfach tatsächlich liegt.

Verloren im „Rechtsstaat"

Wie weit hier die verfassungsrechtliche Bestimmung im § 2 ABGB (*„Sobald ein Gesetz gehörig kundgemacht worden ist, kann sich niemand damit entschuldigen, dass ihm dasselbe nicht bekannt gewesen sey."*) noch praktische Geltung haben kann, ist nicht schwer zu erkennen.

Dies entfernt die Gesetzgebung daher immer mehr von den (nach demokratischen Spielregeln durch die dafür jeweils von den Staatsbürgern gewählten Organe) beschlossenen Gesetzen, da Rechtsanwender ja nicht nach den gleichen Regeln wie die politischen Abgeordneten gewählt werden; siehe § 86 (1) und (2) B-VG.

Natürlich verdeutlicht es auch in hohem Ausmaß, dass nicht vom Volk demokratisch gewählte Rechtsanwender immer größeren Einfluss auf gesellschaftspolitische Entwicklungen haben, welcher nicht dem jeweiligen Wahlverhalten der Bürger und dem Wahlergebnis entspricht oder entsprechen muss. Mit anderen Worten: Der Einfluss und die Macht der Mitglieder der „geschlossenen Gesellschaft" wird immer größer und entfernt sich in einem immer größeren Umfang von gelebter Demokratie.

Ob der Gesetzgeber mit dem folgenden § 6 ABGB eine geeignete Lösung geschaffen hat, die Rechtssetzung durch Rechtsanwender im Sinne der rechtsuchenden Bevölkerung zu beeinflussen, ist aus meiner Erfahrung zu bezweifeln:

§ 6 ABGB Auslegung: „Einem Gesetze darf in der Anwendung kein anderer Verstand beygelegt werden, als welcher aus der eigentümlichen Bedeutung der Worte in ihrem Zusammenhang und aus der klaren Absicht des Gesetzgebers hervorleuchtet."

Wie soll der Mandant und Nichtjurist diese Auslegung des Rechtsanwenders verstehen, wenn ihn der Rechtsvertreter nicht aufklärt, da in normalen schriftlichen Urteilen die vom Rechtsanwender angewandten Gesetzesparagraphen bzw. Normen meiner Erfahrung nach nicht aufscheinen? Dies einschränkend ist festzustellen, dass in Urteilen des Obersten Gerichtshofes Gesetz und Paragraphen, worauf das Urteil im Wesentlichen rechtlich basiert, bei den veröffentlichen Entscheidungen (meist) angegeben ist.

§ 5 ABGB „Gesetze wirken nicht zurück, sie haben daher auf vorhergegangene Handlungen und auf vorher erworbene Rechte keinen Einfluss."

Ein entscheidender Unterschied zwischen Richterrecht und Gesetzesrecht liegt auch in der Möglichkeit der Rückwirkung. Während es eine solche beim Gesetzesrecht (Gesetze wirken nicht zurück) nicht gibt, liegt das Geschehen, über das geurteilt wird, ja immer in der Vergangenheit. Wenn also im Moment des Urteils Richterrecht entsteht, hat diese „Norm" zwangsläufig eine Rückwirkung.

Richterrecht ist nach Meinung von Rechtsgelehrten ein wissenschaftlich umstrittener Begriff und schwer von der Rechtsfortbildung abgrenzbar. Es ist das Resultat richterlicher Rechtsfortbildung, womit allerdings lediglich die Problematik der Bedeutung auf diesen Gegenstand umgewälzt wird. Rechtsfortbildung hingegen geht über die übliche Bedeutung des Wortes hinaus und schafft selbst eine Norm.

Die Übergänge zwischen Richterrecht und Rechtsfortbildung sind fließend; die Fortbildung des Rechts setzt gewissermaßen die Rechtsauslegung weiter fort.

„Unter Rechtsfortbildung wird eine über die Gesetzesauslegung hinausgehende Form der angewandten Rechtswissenschaft bezeichnet, mit der geltendes Recht geschaffen wird. Regelmäßig wird die Rechts-

fortbildung von Gerichten vorgenommen (richterliche Rechtsfortbildung), sodass der Begriff eng mit dem des Richterrechts verbunden ist. Mit der Rechtsfortbildung werden bei der Entscheidung juristischer Fälle Ergebnisse gefunden, die keine unmittelbare Grundlage mehr im geschriebenen Recht finden. Häufig beruft sich die Rechtsprechung auf Generalklauseln, etwa das Prinzip von Treu und Glauben. Oft versucht die Rechtsprechung dabei, die Grundlage für die Rechtsfortbildung in anderen Werteentscheidungen des Gesetzgebers zu finden." (vgl. Wikipedia, „Rechtsfortbildung")

Nur selten wird es wohl vorkommen, dass ein bestimmter Einzelfall direkt und eindeutig im Gesetz geregelt ist. Das kann auch nicht so sein, weil es zu viele unterschiedliche Möglichkeiten gibt. Es bedarf daher einer bestimmten Technik, um für jeden Sachverhalt die passenden Vorschriften zu finden.

Die wichtigsten Techniken sind:

Die Subsumtion: Es muss versucht werden, die gesetzliche Vorschrift zu finden, die auf den jeweils vorliegenden Fall passt; das heißt, der Einzelfall muss einer gesetzlichen Vorschrift untergeordnet (subsumiert) werden.

Die Auslegung: Oft findet man aber auch dann noch keine passende gesetzliche Vorschrift. Man muss vielmehr die in Frage kommenden Vorschriften darauf überprüfen (sie auslegen), ob sie auf den Einzelfall passen oder nicht. Hierbei kann man auf den Willen des Gesetzgebers zurückgreifen.

Die frühere Rechtsprechung (Präjudiz)

Der Analogieschluss als Teil der Rechtsanwendung und juristischen Methodenlehre bzw. juristischen Argumentation kann in Zivilgerichtsverfahren zur Anwendung kommen. Der Analogieschluss wird bei verallgemeinerungsfähigen Regelungen angewandt und ist damit auch ein Teil der juristischen Logik.

Eine weitere Möglichkeit bietet der <u>Umkehrschluss</u>.

Ein auch in der Wissenschaft und in der Praxis tätiger, versierter Jurist hat dazu folgende Definition formuliert. *„Kann dem Gesetz keine Vorschrift entnommen werden und schweigt auch das Gewohnheitsrecht, so soll das Gericht, wie Art. 1 Abs. 2 ZGB anordnet, nach der Regel entscheiden, die es als Gesetzgeber aufstellen würde. Was uns hier entgegentritt, ist der Richter als Gesetzgeber, dieses juristische Doppelwesen, das die gesetzliche Regel, die es anwendet, gleich selber schafft."* (vgl. Gauch, Seite 11)

Diese Darstellung eines (auch als Zivilrechtsprofessors an der Universität Tübingen tätigen) Juristen, auf österreichische Verhältnisse abgewandelt, hätte – meinem Wissen nach und aufgrund meiner 17-jährigen Erfahrung bei meinen Bauprozessen – wie folgt zu lauten:

„Kann dem Gesetz keine Vorschrift entnommen werden, so soll das Gericht, wie § 6 ABGB anordnet, nach der Regel entscheiden, die es als Gesetzgeber aufstellen würde. Was uns hier entgegentritt, ist der Richter als Gesetzgeber, dieses juristische Doppelwesen, das die gesetzliche Regel, die es anwendet, gleich selber schafft."

Die Betonung liegt hier auf dem Wort „kann".

Kann dem Gesetz keine Vorschrift entnommen werden, weil es keine gesetzliche Regelung für den bestimmten Fall gibt?

Kann dem Gesetz keine Vorschrift entnommen werden, weil der Rechtsanwender keine Vorschrift finden wollte?

Kann dem Gesetz keine Vorschrift entnommen werden, weil der Rechtsanwender das relevante Gesetz (die relevante Vorschrift) falsch auslegte?

Kann dem Gesetz keine Vorschrift entnommen werden, weil der Rechtsanwender den Analogieschluss nicht oder nicht richtig anwandte?

Kann dem Gesetz keine Vorschrift entnommen werden, weil der Rechtsanwender den Umkehrschluss nicht oder nicht richtig anwandte?

Auch Nichtjuristen können hier die Frage stellen, wie soll ein Rechtsvertreter bei der Rechtsvertretung gegenüber dem Mandanten seine gesetzliche Verpflichtung gemäß § 9 (1) (vgl. RAO, Seite 16) einhalten, wenn der Rechtsanwender die gesetzliche Regel, die er anwendet, erst schafft?

Kann die Geltendmachung eines Rechtsmittels in diesem Fall überhaupt eine realistische Lösung sein?

Dient es nur der Geldvermehrung im Sinne des Rechtsvertreters?

Will der Rechtsvertreter möglicherweise nur beweisen, dass er ja alles versucht hat, um den Mandanten gut zu vertreten, obwohl ihm bekannt ist, dass es aussichtslos ist?

Wie soll der Nichtjurist und Mandant erkennen, ob ein Rechtsmittel überhaupt Erfolg haben kann?

Dieses „juristische Doppelwesen" sichert zumindest den Rechtsvertretern (und ihren Mitarbeitern in den Anwaltskanzleien) eine gute Auslastung. Aber natürlich auch bei den Rechtsanwendern, insbesondere bei denen in den Rechtsmittelinstanzen. Natürlich geht dies alles auf Kosten der gutgläubigen, rechtsuchenden, unerfahrenen Nichtjuristen. Es regieren Emotionen und Angst bei den Rechtsuchenden, insbesondere bei den nicht Rechtschutzversicherten. Das ist meine praktische Erfahrung nach 17 Jahren.

Richterrecht ist keine Besonderheit, zumindest nicht

in Kontinentaleuropa, da es – wie oben schon ausgeführt – ausgeschlossen ist, für alle denkbaren Spezialfälle gesetzliche Regeln und eine 100%ige Treffsicherheit im Gesetz zu schaffen: Es gibt, wie auch in vielen anderen Bereichen, für den Rechtsanwender mehrere Möglichkeiten der Rechtsanwendung bzw. Auslegung von Gesetzen (siehe dazu auch die juristische Methodenlehre). Er muss sich für eine Auslegung entscheiden und dadurch sind auch schon allein aus diesem Grunde Fehlleistungen von Rechtsanwendern und Fehlurteile möglich. Wie heißt es doch in einem Sprichwort: Von einem Gericht erhältst du ein Urteil, aber nicht Gerechtigkeit.

„Richterrecht wird nicht von der Legislative (Parlamentsgesetz) oder Exekutive (Rechtsverordnung, autonome Satzung) gesetzt, sondern entsteht in der Rechtsprechung. Ob es sich um objektives Recht oder nur eine Rechtserkenntnisquelle handelt, hängt von der jeweiligen Rechtsordnung ab und ist im Einzelnen umstritten." (Quelle Wikipedia; „Richterrecht")

Unter dem Begriff „Auslegung – juristische Hermeneutik" ist im Internet folgender Artikel zum Thema „Auslegung" abfragbar:

„Mit der Auslegung und der Rechtsfortbildung fügen die Rechtsanwender Begründungselemente in die Begründung ihrer Entscheidung ein, die sie den Gesetzen nicht entnehmen können."

Der Begriff „Hermeneutik" geht auf den Götterboden Hermes im alten Griechenland zurück. Hermes teilte dabei den Menschen nicht nur die Botschaft der Götter mit, sondern interpretierte diese, man kann sagen, er übersetzte die Worte der Botschaft in die für Menschen verständliche Sprache. Ähnlich ist es mit dem Wortlaut des jeweiligen Gesetzesparagraphen. Die notwendige Auslegung eines Gesetzesparagraphen kann bei jedem Ausleger zu einem anders lautenden Ergebnis führen.

In manchen Fällen erfolgte aus Mangel an Kenntnis im Sinne der Hermeneutik oder anderer Auslegungsverfahren die Beantwortung der zentralen Frage „Wie ist Verstehen möglich?" nicht oder unzureichend. Sie griff – bei meinen unten angeführten Zivilgerichtsverfahren zumindest – vielfach zu kurz.

In der Internet-Ausgabe der Zeitung „Zeit Online" vom 8. Oktober 2003 ist unter „Richterrecht: Der Richter im Spannungsverhältnis von Erster und Dritter Gewalt" angeführt:

„Vor kurzem hat Bernd Rüthers (Anmerkung: ein angesehener deutscher Rechtswissenschaftler) *einen Vortrag vor der Juristischen Gesellschaft in Berlin gehalten, den er unter die provokante Frage „Demokratischer Rechtsstaat oder oligarchischer Richterstaat?" stellte.*

Der Vortragende warf den Richtern vor, nicht selten aufgrund eigener Gerechtigkeitsvorstellungen mit Hilfe geeigneter „Auslegungsregeln", besser „Einlegungsregeln" von vorhandenen gesetzlichen Wertungen abzuweichen, also den Gesetzesgehorsam zu verweigern. Er konstatiert einen verfassungspolitisch bedeutsamen Wandlungsprozess weg vom traditionellen Vorrang des Gesetzesrechts hin zum Richterrecht. ..."

Die Kritik dieses Rechtswissenschaftlers in diesem Artikel bezieht sich auf die Judikative in Deutschland, ist aber auch auf österreichische Verhältnisse genauso anwendbar, wie sich z. B. auch in der „Klage gegen den Architekten" gezeigt hat.

Insbesondere ist der Oberste Gerichtshof als letzte österreichische Instanz dazu befugt, bestehende Gesetze auszulegen und „Recht fortzubilden". Das heißt mit anderen Worten: Die höchstgerichtliche Rechtsprechung stellt die Gesamtheit rechtskräftiger Entscheidungen der obersten Instanz durch den Obersten Gerichtshof dar. Die höchstgerichtliche Rechtsprechung hat in Österreich auch deshalb erhebliche Bedeutung bei der Rechtsauslegung, da die anderen Gerichte sich in der Regel daran halten (aber nicht immer auch tun, wie das Verfahren „Klage gegen den Architekten" zeigt).

Der Oberste Gerichtshof entscheidet in der Regel in Senaten von fünf Richtern, in bestimmten Fällen in Senaten von drei Richtern. Über Rechtsfragen von grundsätzlicher Bedeutung entscheidet ein verstärkter Senat von insgesamt elf Richtern.

In diesem Zusammenhang fällt mir der Ausspruch eines Rechtsanwaltes ein: *„Der Unterschied zwischen Rechtsanwendern des Obersten Gerichtshofes und Professoren an juridischen Fakultäten ist: Die Rechtsanwender des Obersten Gerichtshofes irren seltener, aber dafür rechtskräftig."*

Rechtsanwender – insbesondere jene beim Obersten Gerichtshof – haben die Möglichkeit, unter bestimmten Bedingungen von einer bisherigen so genannten „ständigen Rechtsprechung" abzugehen und im Sinne des „Rechtsfortschritts" anders zu entscheiden als bisher, jedoch bei gleichem oder ähnlichem Sachverhalt.

Unter ständiger Rechtsprechung versteht man eine Rechtsprechung, die (zu einer bestimmten Auslegungsfrage) bereits seit langer Zeit immer wieder in der gleichen Form entschieden wird. Sie hat für sich genommen keinen bestimmten „Wert"; dadurch wird das Gesagte ja nicht richtiger. Die Tatsache, dass gleiche oder ähnliche Fälle z. B. schon seit fünf oder zehn Jahren so entschieden werden, lässt darauf schließen, dass der Oberste Gerichtshof diesbezüglich auch in Zukunft eher nicht anders entscheiden wird.

Es macht daher wenig Sinn für einen Rechtsuchenden (insbesondere einen nicht rechtschutzversicherten), sich mit einer anderen Meinung zu seinem Fall als der des Obersten Gerichtshofes auf ein Gerichtsverfahren einzulassen.

Darum ist es für einen Rechtsuchenden so wichtig, dass der von ihm beauftragte Rechtsanwalt prüft, ob es zu dem vorliegenden Fall eine Judikatur des Obersten Gerichtshofes gibt, wie diese gegebenenfalls lautet und ob es sich um eine ständige Rechtsprechung im o.a. Sinne handelt oder nicht. Von diesem Prüfungsergebnis sollte der Rechtsuchenden es primär abhängig machen, ob er sich auf Gerichtsverfahren einlässt oder nicht.

So hilfreich diese Vorgehensweise auch sein kann, bietet sie jedoch keine 100%-ige Gewähr für einen positiven Prozessausgang, da dieser unter anderem auch durch Unvorhersehbares beeinflusst werden kann.

Ein wesentlicher Grund dafür, dass Anwälte dahin tendieren, gegenüber ihrem Mandanten nach AHK (siehe oben) abzurechen, ist möglicherweise auch, dass jene verpflichtet wären, siehe *„Eifer, Treue und Gewissenhaftigkeit"*; § 9 (1) (vgl. RAO, Seite 16); die für den jeweiligen Fall vorhandene Judikatur nachzulesen, alleine schon um dem Mandanten eine qualifiziertere Auskunft über seine Prozessaussichten geben zu können.

Da das natürlich mit einigem zeitlichen Aufwand vor allem dann verbunden ist, wenn der Anwalt nur geringe oder gar keine Erfahrung im Zusammenhang mit diesem Rechtsbereich und der dazugehörigen Judikatur hat, wird er aus Kostengründen wenig Interesse haben, diese Analysearbeit durchzuführen. Daher ist es so wichtig für den Rechtsuchenden, einen Anwalt zu beauftragen, welcher die Frage nach seiner Erfahrung bezüglich des gefragten Rechtsgebietes der Wahrheit entsprechend positiv beantworten kann.

Wird vom Anwalt die Frage nicht den Tatsachen entsprechend positiv beantwortet oder macht er sich nicht die Mühe, die entsprechende Judikatur zu suchen und auszuwerten, „sollte" er gegenüber einem Rechtsuchenden haftbar sein, wenn dies in dem Verfahren in der Folge zu dessen Nachteil wird. Es wird für den Rechtsuchenden jedoch schwer sein, den Anwalt dem Gericht gegenüber in einem Schadenersatzprozess als Schadensverursacher glaubhaft zu machen, wenn der geschädigte Rechtsuchende nicht die nötige Gerichtserfahrung und Kenntnis der einschlägigen Judikatur, einen professionell tätigen Rechtsvertreter und das nötige Geld besitzt, sich auf so einen Kampf mit dem den Schaden verursachenden Rechtsanwalt einzulassen.

In diesem Zusammenhang verweise ich insbesondere auf die „Klage gegen den Zimmerer" und die „Klage des Tischlers":

Ich habe in all diesen Jahren keinen einzigen Rechtsanwalt kennen gelernt, der die für meine Verfahren einschlägige Judikatur tatsächlich so weit kannte, um meine Prozessaussichten auch aufgrund dieser Kenntnisse besser beurteilen zu können. Damals hatte ich als Nichtjurist und wenig erfahrener Rechtsuchender gar nicht die Kenntnisse, vor allem nicht hinsichtlich der Zusammenhänge wie oben angeführt, um zu wissen, worauf es hier ankommt.

Grundsätzlich werden insbesondere Urteile des Obersten Gerichtshofes (zum Teil auch von Untergerichten) veröffentlicht, das heißt, sie sind auch für den Bürger allgemein mit Hilfe von RIS online abfragbar. Das RIS wird in diesem Buch deshalb in den Vordergrund gestellt, weil dieses Rechtsinformationssystem des Bundes für alle Bürger kostenlos benutzbar ist. Darüber hinaus gibt es noch andere Rechtsinformationssysteme, z. B. Jusline.

Wenn ein interessierter Rechtsuchender sich mit Hilfe

des RIS publizierte Entscheidungen online ansieht, bekommt er natürlich eine Unzahl von Geschichten angeboten, welche einmal Grund für ein Gerichtsverfahren waren. Welche Entscheidungen publiziert werden, wird von Rechtsanwendern des Obersten Gerichtshofes festgelegt.

Hatte ich als Rechtsuchender bei einem Verfahren alle (im Rahmen der ZPO möglichen) Instanzen ausgeschöpft und nach jahrelanger Qual ein rechtskräftiges Urteil in der Hand, so zog ich Bilanz.

In der Art von Uhrmachern zerlegten Rechtsanwender meinen Fall in seine (ihrer Meinung nach) rechtsrelevanten Teile und fügten diese dann zu einem Bild zusammen, entleert von all dem, für das es (ihrer Ansicht nach) keine Norm gab. Ich erkannte meinen Fall nicht mehr wieder, nach dem er durch die Hände all der beteiligten Juristen in dem Fall gegangen war. Wie ein gerupftes Huhn habe ich meinen Fall nach langer, langer Zeit zurückerhalten. Trauriges Ergebnis meiner vor vielen Jahren getroffenen Fehlentscheidung, mich auf Gerichtsverfahren einzulassen: Österreich ist kein Rechtsstaat.

Trotz meiner Bemühungen ist es mir nicht gelungen, ein Buch über Richterrecht von einem österreichischen Fachautor zu finden. Dass Richterrecht jedoch auch ein Thema in Österreich ist, zeigen Publizierungen in anderen Medien.

Im Internet habe ich z. B. einen Gastkommentar vom 20.10.2006 des früheren Präsidenten des Obersten Gerichtshofes in Österreich, Johann Rzeszut, zum Thema „Rechtsfortbildung" in dem Beitrag „Richterbild und Richterrecht" (veröffentlich von der Universität Innsbruck) gefunden, den ich hier hinsichtlich des Richterrechts zitiere. Bezüglich des Richterbildes verweise ich auf die oben dargestellte Meinung des früheren Präsidenten des obersten Gerichtshofes.

„Der Richter hat die Aufgabe, Rechtsdefizite des positiven Rechts durch detailierende Klarstellungen oder lückenbehebende Rechtsfortbildung zu beheben.

Ziel ist die Übereinstimmung von Vorgaben der Rechtsordnung mit der konkreten Lebensrealität als gelebte Gerechtigkeit.

Schwerpunkt der Gerichtsbarkeit liegt nicht auf abstrakt-dogmatischer Antizipation, sondern auf konkreten Problemlösungen im Einzelfall, bei denen primär an den Facetten der Lebenserfahrung orientierte, als Mittel nachvollziehbarer und kontrollierbarer Sachverhaltsermittlung mit einer dem Laienverstand zugänglichen Zuordnung gefordert ist. Abweichungen von dieser Sicht führen zu den häufigsten Kritikpunkten an der Gerichtsbarkeit.

Die richterliche Unabhängigkeit ist Dienst an der zu entscheidenden Sache.

Der Kern der richterlichen Verantwortung liegt im Tatsachenbereich.

Die steigende Erweiterung des Spektrums richterlicher Aufgaben steht im Spannungsfeld zu dem aktuellen Spargedanken, der einerseits wieder die Tendenzen zu überproportionalen Rechtsschutzeinrichtungen konterkariert.

Gleichzeitig stimmen Initiativen zur Zurückhaltung des richterlichen Einflusses im traditionellen Rechtsschutzbereich bedenklich.“

I.9 „Wutbürger"

Wie ich leider erst nach vielen Jahren, als meine Prozesse bereits zu einem Großteil abgeschlossen waren, erfahren habe, gab es viele Zeitgenossen aus unterschiedlichsten Berufen, die im Zusammenhang mit Zivilgerichtsverfahren wahrscheinlich ähnliches wie ich erlebt hatten und sich zu Gruppen von so genannten „Wutbürgern" zusammengeschlossen hatten.

Es war die Zeit, in der die Justiz aufgrund von vielen Beschwerden der Bevölkerung so genannte Ombudsstellen bei den Oberlandesgerichten als Anlaufstelle für Bürger bei Problemen mit der Justiz eingerichtet hat.

Als ich mich ebenfalls an die für mich zuständige Ombudsstelle wandte und einen in dieser Stelle tätigen Rechtsanwender hinsichtlich meiner Erlebnisse bei den Zivilgerichtsverfahren zum damaligen Stand informierte, meinte dieser sinngemäß: *„Dafür sind wir nicht mehr zuständig"* und nannte mir den Namen eines Rechtsanwenders beim zuständigen Oberlandesgericht als so genannte Beschwerdeinstanz.

Aufgrund meiner Nachforschungen stieß ich im Internet auf den Artikel in der Zeitung „Die Presse", Printausgabe vom 29.7.2011 mit der Überschrift: *„Die Rechtsprechung ist in Österreich aus der Balance gekommen."*

Hier einige Auszüge aus diesem Artikel:

„Die Unzufriedenheit mit der Justiz ist so groß wie nie – auch, weil in vielen Fällen die Selbstkontrolle nicht mehr funktioniert.

Wenn die Journalistin Anneliese Rohrer die Justiz als „geschlossene Gesellschaft" bezeichnet, so hat sie für den derzeitigen Zustand den richtigen Ausdruck gefunden.

Es gibt tausende Beschwerden über Gerichtsurteile, bei der Volksanwaltschaft, bei den Politikern sowie bei den Berufungsinstanzen und den Staatsanwaltschaften.

Die derzeitige (Anmerkung: jetzt natürlich damalige) Volksanwältin Maria Fekter hat vorgeschlagen, so genannte Justizanwaltschaften einzurichten ...

Dieses Vorhaben wurde von der Justiz jedoch torpediert.

Um der Unruhe in der Bevölkerung entgegenzuwirken, hat man im Eilverfahren bei den Oberlandesgerichten so genannte Justizombudsstellen eingerichtet, die sich jedoch schon bald als zahnlose Tiger erwiesen haben."

Dass dieses Vorhaben der Justizanwaltschaften von der Justiz torpediert wurde, ist aus der Sicht der „geschlossenen Gesellschaft" zu verstehen, da diese kein Interesse haben kann, von einer unabhängigen Stelle „kontrolliert" zu werden.

Jedenfalls dürfte die Kontrolle der Gerichte <u>nicht innerhalb</u> des eigenen Gerichtes durch den jeweiligen Vorstand oder den jeweiligen Präsidenten eines Gerichtes erfolgen.

Typische Fälle dafür, dass eine Kontrolle der jeweiligen Rechtsanwender außerhalb der „geschlossenen Gesellschaft" erfolgen sollte, habe ich in den 17 Jahren erlebt, insbesondere in den weiter unten dargestellten Verfahren

• Klage des Elektrikers

• Klage des Anwaltes, der mich in der Klage des Architekten vertreten hat

• Klage gegen den Anwalt, der mich in der Klage des Architekten vertreten hat

• Klage gegen den Architekten

• Klage gegen den Anwalt aufgrund der Feststellung der Senatspräsidentin

II. Michael Kohlhaas und die Probleme mit der Obrigkeit und der Justiz im 16. Jahrhundert

II.1 Michael Kohlhaas lebte als ehrbarer und frommer Mann.

Wenn Michael Kohlhaas auch Kontakt zu Martin Luther hatte, so spielte die Frömmigkeit in der ganzen Auseinandersetzung mit der Obrigkeit und der Justiz nur eine untergeordnete Rolle.

Art und Umfang der von Michael Kohlhaas sodann geübten Selbstjustiz ist jedoch schwer mit den Worten ehrbar und fromm vereinbar, wenn er vor den schrecklichen Ereignissen auch ehrbar und fromm gelebt haben mag. Ob Michael Kohlhaas dem übernatürlichen Gottesverständnis, wie primär im Mittelalter üblich, noch anhing, wissen wir nicht. Dass er schon ein – innerhalb der Grenzen der Vernunft liegendes – Weltbild der noch nicht begonnenen Aufklärung vor Augen hatte, ist wohl kaum vorstellbar nach den Ereignissen mit Selbstjustiz usw.

In der Zeit, wo sich die Geschichte des Michael Kohlhaas abspielte, also im späten Mittelalter, existierte bereits der so genannte „Ewige Landfriede"; eine Bestimmung, die bereits seit etwa 1.500 nach Christus als ein großer Schritt in der Rechtsgeschichte in diesen Landen galt. In diesem Zusammenhang verweise ich auf die oben angeführte Meinung des früheren Präsidenten des Obersten Gerichtshofes hinsichtlich der juristischen Entwicklung nicht nur in dieser Epoche, in der Michael Kohlhaas lebte.

Es war nämlich damit erstmals festgelegt worden, dass ein Gericht bei Rechtsstreitigkeiten unter den Menschen entscheiden sollte. Dies bedeutete, dass das so genannte „Gewaltmonopol" (ähnlich zu heutiger Geltung) von der dazu bestimmten „öffentlichen Hand" ausgeübt wurde. Ein großer Fortschritt für die Menschen. Aber dieser „Ewige Landfriede" benötigte nach dessen Etablierung hinsichtlich der tatsächlichen Umsetzung und Akzeptanz noch Jahrzehnte, bis er tatsächlich im entsprechenden Umfang zum Tragen kam.

II.2 Michael Kohlhaas reiste nach Sachsen, um Pferde zu verkaufen.

Michael Kohlhaas war ein wohlhabender Pferdehändler und ging seinen Geschäften nach. Auf seiner Reise nach Sachsen mit seinen Pferden wurde er das Opfer eines Betruges.

Ob ich beim Umbau meines Hauses mit Hilfe eines Architekten und den darauf folgenden Zivilgerichtsverfahren ebenfalls einem Betrug im Sinne von Amtsmissbrauch, Lüge eines Rechtsanwenders vor dem Obersten Gerichtshof und strafrechtlich zu verfolgender Rechtsbeugung zum Opfer gefallen bin, können Sie als Leser dieses Buches gerne selber entscheiden.

II.3 Michael Kohlhaas und seine Sicht der Dinge

Im Rahmen der Geschichte reflektiert Michael Kohlhaas den ständigen Konflikt zwischen zwei Rechtsauffassungen, den der Selbstjustiz und den der Gerichtsbarkeit durch die öffentlichen Hand.

Selbstjustiz, wie sie vor mehr als 400 Jahren geübt wurde, kommt im demokratischen Österreich, wenn man den Medien folgt, heutzutage nur mehr in einem geringen Umfang vor. Rechtsanwender, Sachverständige und Rechtsanwälte sollten jedoch gerade in der heutigen Zeit dem philosophischen Grundsatz mehr folgen und zumindest darüber nachdenken: „Handle nur nach der Maxime, durch die du zugleich wollen kannst, dass es ein allgemeines Gesetz werde". Um dem folgen zu können, müssen nicht die Schriften des Immanuel Kant und auch nicht der „Kategorische Imperativ" in allen Einzelheiten studiert werden.

Leider war, wie ich immer mehr in all den Jahren feststellen musste, meine ursprüngliche Sicht der Dinge zum weitaus überwiegenden Teil falsch und nur mit meiner Unerfahrenheit bezüglich der Führung von Gerichtsverfahren zu erklären. Kant'sche Philosophie im Allgemeinen und der „Kategorische Imperativ" im Besonderen wird von Rechtsanwendern, Sachverständigen und Rechtsanwälten wohl vielfach „anders interpretiert" als ich es kannte bzw. kenne.

Natürlich wird sich ein intimer Kenner der Praxis bei Zivilgerichtsverfahren über meinen möglicherweise naiven Glauben an Gerechtigkeit und meine vielleicht auch blauäugigen Vorgehensweisen und Entscheidungen in Zusammenhang mit Rechtsvertretern wundern. Dem könnte ich nur entgegenhalten, dass es leicht ist, im Nachhinein Kritik anzubringen. Ich würde mit meiner heutigen Erfahrung auch anders entscheiden, vor allem jedoch keine Zivilgerichtsverfahren mehr führen.

II.4 Michael Kohlhaas folgte nicht der Prämisse.

Kohlhaas wusste möglicherweise nicht, ob die Voraussetzungen gegeben waren, um seinen Streit mit der Obrigkeit bei Gericht fair austragen zu können. Ich ging jedoch davon aus, dass ich in einem Rechtsstaat bei meinen Zivilgerichtsverfahren mit fair geführten Verfahren und transparenten Abläufen auf der Basis gegebener Gesetze rechnen konnte.

Welche Vorstellung Michael Kohlhaas vor seiner Reise mit seinen Pferden hinsichtlich der Gerechtigkeit hatte, wurde von Heinrich von Kleist so nicht überliefert.

Als interessierter Bürger hatte ich mich mit dem Thema Gerechtigkeit sehr wohl beschäftigt,

z. B. mit Sokrates, dem großen „nichtweisen Weisen" des griechischen Altertums, der schon vor bald 2.500 Jahren auf dem Marktplatz Athens im alten Griechenland die Fragen „Was ist..........?" an seine Mitbürger stellte, insbesondere auch die Frage „Was ist Gerechtigkeit?"

z. B. mit Hans Kelsen, dem großen Rechtsgelehrten und Rechtspositivisten, der in seinem rechtstheoretischen Aufsatz „Was ist Gerechtigkeit" etwa 2.400 Jahre nach Sokrates seine Auffassung von "Gerechtigkeit" dargelegt hat. Kelsen vertrat die Meinung: *„Wenn menschliches Verhalten in Einklang mit einer als gerecht geltenden Ordnung steht, ist es gerecht"*.

Ob die geltende Ordnung, also die Einhaltung der Gesetze, Gerechtigkeit grundsätzlich ermöglicht, soll hier nicht weiter untersucht und als gegeben angenommen werden. Aber die jeweiligen Gesetze müssen von beiden Seiten eingehalten werden. Es soll keine „weißen Götter" geben, aber auch keine „schwarzen Götter":

Menschen sind niemals Götter, weder in weißen Kitteln noch in schwarzen Talaren.

Folgt man der Auffassung von Hans Kelsen, kommt man zum Schluss, dass wir in Österreich nicht im Rahmen „einer gerecht geltenden Ordnung" leben; oder wenn doch, dass manche Rechtsanwender (aber auch Rechtsanwälte und manche Sachverständige), wie ich sie kennen gelernt habe und in der Folge darstelle, zumindest diesbezüglich Interpretationsschwierigkeiten hatten und daher auch nicht beruflich lebten, was diese geltende Ordnung gebietet und/oder sich darüber hinwegsetzten.

Oder basierte das alles nur auf einem großes Missverständnis von mir?

Sieht man sich die Synonyme zu dem Wort Missverständnis an, kommt man zu folgendem Ergebnis:

Synonyme zu Missverständnis sind zum Beispiel:

falsche Auslegung

Fehldeutung

Fehleinschätzung

Fehlinterpretation

usw.

Das wären Fehlleistungen, die jedem Menschen bei seiner Arbeit manchmal auch passieren können.

Wenn man diese Synonyme aber auf die Qualität der tatsächlich geleisteten richterlichen Arbeit der Rechtsanwender in diesen Zivilgerichtsverfahren bezieht, kann man dann auch noch von Missverständnissen sprechen? Oder müsste hier der Schluss gezogen werden, dass diese Rechtsanwender (aber auch bestimmte Rechtsanwälte und auch manche Sachverständige) zumindest fachlich und moralisch nicht geeignet sind, ihren Beruf in einem Rechtsstaat auszuüben?

Es soll Untersuchungen gegeben haben, die feststellten, dass bestimmte Lehrerinnen und Lehrer für die Ausübung ihres Berufes wenig oder gar nicht geeignet sind. Wäre eine solche Untersuchung nicht auch bei Rechtsanwendern, Rechtsanwälten und Sachverständigen – im Interesse von mehr Fairness gegenüber den rechtsunterworfenen Bürgern – in einem demokratischen (Rechts-) Staat nicht ebenfalls angebracht?

II.5 Michael Kohlhaas wurde zu Anfang der Rechtsweg verweigert.

Der mittelalterliche „Sachsenspiegel" (wahrscheinlich das bedeutendste Rechtsbuch des Mittelalters über Gewohnheitsrecht) drückte nicht nur das Recht, sondern sogar die Pflicht des Einzelnen aus, ungerechte Handlungen der Obrigkeit zurückzuweisen. (Quelle: Wikipedia)

Ob Michael Kohlhaas auch von der (seit Ende des 15. Jahrhunderts gegebenen) Existenz des so genannten „Reichskammergerichtes" vor Beginn seiner Reise nach Sachsen Kenntnis oder schon mit dem Gericht in eigener Sache zu tun hatte, kann nicht festgestellt werden. Obwohl damit Selbstjustiz zu üben offiziell verboten war, spielte diese sodann im weiteren Verlauf dieser Geschichte eine wesentliche Rolle.

Da seine Klagen anfangs vom Gericht abgelehnt wurden, führte Kohlhaas mit Hilfe seiner Knechte, denen sich auch später arbeitslose Söldner anschließen, einen erbarmungslos geführten Krieg gegen die seiner Meinung nach Schuldigen und brandschatzte dabei auch Häuser und ganze Stadtteile.

Seine Devise war, nachdem seine Klagen bei Gerichten in Dresden und auch Berlin abgelehnt worden waren: *„Es soll Gerechtigkeit geschehen und gehe auch die Welt zugrunde."* (Quelle Wikipedia). Ernst Bloch nannte daher Michael Kohlhaas auch den *„Don Quijote rigoroser Moralität".* (Quelle Wikipedia)

Was vor Jahrhunderten als Pflicht gegenüber der Obrigkeit betrachtet wurde, wird in der heutigen Zeit seitens dieser „Obrigkeit" nicht selten nur als eine Art Belästigung empfunden.

In meinem ersten Brief vom 19.6.2012 an das Bundesministerium für Justiz schrieb ich u.a.: *„Ich möchte kei-*

ne Antwort, in der Worte wie „unabhängige Richterin",
„verfassungsmäßig vorgesehene Trennung von Justiz
und Verwaltung", „Ansehen der Justiz" usw. vorkom-
men."

Auf diesen Brief habe ich keine Antwort bekommen.

Dass diese Trennung von Gesetzgebung, Justiz und Verwaltung im Sinne der Gewaltenteilung verfassungsmäßig verankert ist, hat natürlich seine Berechtigung und wurde von verschiedenen Rechtsgelehrten und Rechtsphilosophen schon vor Jahrhunderten schrittweise entwickelt, publiziert und auch gegenüber der damaligen „Obrigkeit" durchgesetzt. Sie hatte damit Vorbildwirkung für die in Österreich ab dem Jahr 1912 Schritt für Schritt eingeführte Verfassung, welche im B-VG veröffentlicht ist.

Aber diese heute noch immer wiederkehrende Feststellung der „verfassungsmäßig vorgesehenen Trennung von Justiz und Verwaltung" seitens der (heutigen) „Obrigkeit" kann auch als Schutzbehauptung genutzt werden, berechtigten Beschwerden seitens der Staatsbürger nicht nachkommen zu müssen. Welcher rechtsuchende Staatsbürger ist schon Jurist bzw. sogar Verfassungsjurist, um so der „Obrigkeit" „auf Augenhöhe" gegenübertreten zu können.

II.6 Die problematische Person im Falle des Michael Kohlhaas war ein Junker mit dem Namen Wenzel von Tronka.

Die problematischen Personen in meinem Fall waren der von mir beauftragte Architekt und – in der Folge – bestimmte Bauprofessionisten, Rechtsanwender, Sachverständige und Rechtsanwälte.

Da ich selbst über keinerlei praktische Erfahrung beim Hausbau bzw. geeignete handwerkliche Kenntnisse und Fähigkeiten verfügte und keine Pfuscher beschäftigen wollte, wandte ich mich an das zuständige Bauamt um Rat. Der dafür zuständige Beamte meinte sodann, am sichersten sei es, wenn wir uns an einen Architekten und Ziviltechniker wenden würden. Dieser wäre gesetzlich verpflichtet, die Interessen seines Auftraggebers zu wahren.

Den Rat befolgte ich auch und erteilte im Jahr 1994 einem mir bis dahin nicht bekannten Architekten den Auftrag über 100% Büroleistung gemäß GOA (Gebührenordnung für Architekten) und örtliche Bauaufsicht. Unter anderem deshalb, weil dieser Architekt angab, sich auch mit kleineren Bauvorhaben zu beschäftigten.

II.7 Für Michael Kohlhaas stellte sich in Dresden heraus, dass der verlangte Passierschein ein Akt der Willkür war.

In meinem Fall stellte sich dann heraus, dass dieser Architekt zumindest fachlich überfordert war und so verlangte ich von ihm, einen zusätzlichen Vertrag zu unterschreiben. Ich setzte als Nichtjurist diesen Vertrag auf und der Architekt unterschrieb diesen am 29.6.1995. Dieser Vertrag wurde in der „Klage des Architekten" und in meiner „Klage gegen den Architekten" den Gerichten zum Beweis vorgelegt und von diesen zum Beweis zugelassen.

Ende August 1995 kündigte dann dieser Architekt den Vertrag gemäß der GOA während der schon laufenden Bauabwicklung. Trotz vielfachen Bemühens meinerseits gelang es mir nicht, einen Ersatz für ihn zu bekommen. Tatsächlich interessierte Architekten und andere Fachleute nahmen Abstand von einem Auftrag an sie, als sie erkannten, wie mangelhaft die Arbeit ihres so genannten Kollegen war.

In diesem Zusammenhang erfuhr ich von einem Kollegen dieses Architekten, dass es bei kleinen Bauvorhaben nicht ungewöhnlich sein soll, dass manche Architekten versuchten, das mit dem Bauherrn vereinbarte Honorar im Rahmen einer „besonderen Zusammenarbeit" mit beteiligten Professionisten für sie positiver zu gestalten.

Ob das der Grund war, vorzeitig aus dem Bauprojekt auszusteigen, weil dem Architekten dies bei dem gegenständlichen Bauvorhaben möglicherweise in für ihn nicht ausreichendem Umfang oder gar nicht gelungen war, kann ich weder behaupten noch beweisen, aber auch nicht ausschließen.

Da eine Einstellung des Bauvorhabens nicht mehr möglich war, ohne wesentliche rechtliche Probleme mit den Professionisten heraufzubeschwören, versuchte ich so gut es eben ging, mir selbst zu helfen. Der „Erfolg" war, dass bestimmte Professionisten ihren jeweiligen Auftrag nach „ihren eigenen Vorstellungen" abwickelten. Daraus entstand in weiterer Folge eine Reihe von Gerichtsverfahren. Eine Ausnahme bildete interessanterweise u.a. der Baumeister, welcher die an ihn beauftragten Arbeiten professionell erledigte.

II.8 Michael Kohlhaas klagte den Junker Wenzel von Tronka bei einem Gericht in Dresden.

In meinem Fall klagte mich der Architekt Anfang 1996 auf Zahlung des restlichen Honorars, worauf ich am 3.4.1998 (um einer Verjährung vorzubeugen) auf Basis des Vertrages vom 29.6.1995 die Klage gegen ihn bei Gericht einbrachte.

II.9 Im Fall von Michael Kohlhaas erreichten einflussreiche Verwandte des Junkers Wenzel von Tronka, dass die Klage abgewiesen wird.

In meinem Fall war es „möglicherweise" die Architektenkammer, welche „im Hintergrund" indirekt Einfluss auf diese Zivilgerichtsverfahren insofern nahm, als sie eine senatsführende Rechtsanwenderin bei einem Oberlandesgericht, die auch direkt in beruflicher Beziehung mit dieser Architektenkammer stand, beschäftigte und meinen Verfahrensgegner, den Architekten, aus dem Disziplinarverfahren bei dieser Kammer gegen diesen kannte.

Wie diese Rechtsanwenderin jedoch selbst laut der Entscheidung des Obersten Gerichtshofes vom 12.10.2011 im Rahmen eines Rechtsmittelverfahrens aussagte, übte sie schon seit längerer Zeit diese Doppelfunktion einerseits als Senatspräsidentin bei einem Oberlandesgericht und andererseits als (freie?) Mitarbeiterin und Vorsitzende des Disziplinarausschusses bei der Architektenkammer aus. Sie leugnete jedoch in ihrer Zeugenaussage vor dem Obersten Gerichtshof, den Architekten persönlich gekannt zu haben, was jedoch in der Antwort der Staatsanwaltschaft nicht konform dargestellt wurde.

III. Zivilgerichtsverfahren als Folge eines Bauvorhabens im 21. Jahrhundert

III.1 Klage des Haustechnikplaners

Aufgrund der Höhe des Streitwertes konnte ich mich in diesem Verfahren anfangs selbst vor dem Gericht vertreten.

Es stellte sich heraus, dass der Architekt und der Haustechnikplaner (welche sich nach ihrer eigenen Aussage schon jahrelang kannten) hinter meinem Rücken eine Form der Zusammenarbeit betrieben hatten, die möglicherweise zumindest dem Haustechnikplaner erhebliche Vorteile hätte verschaffen können. Darüber hinaus stellte sich in der Folge heraus, dass der vom Architekten genannte und empfohlene (mir bis dahin unbekannte) Haustechnikplaner für den elektrotechnischen Teil seiner Arbeit nicht die erforderlichen Kenntnisse und auch keine Gewerbeberechtigung besaß.

<u>Erster Rechtsanwender:</u> Dieser war nur zu Beginn des Verfahrens im Jahre 1995 in geringem Umfang tätig.

<u>Zweiter Rechtsanwender:</u> Keine Beachtung durch den vom Gericht bestellten Sachverständigen, einem Baumeister, hinsichtlich des vom Kläger genannten teuersten „Billigstbieters" bei den Installateuren, auch nicht seitens des zweiten Rechtsanwenders.

Auffallend in diesem Verfahren war nicht, dass der Sachverständige seine Honorare aufgrund der Honorarrichtlinien HOB für Baumeister abrechnete, das durfte er aufgrund des Gebührenanspruchsgesetzes (GebAG) als Baumeister.

Auffallend dabei war jedoch, dass dieser Sachverständige seine erste Honorarabrechnung auf der Basis des einfachen Satzes gemäß der HOB abrechnete und dies bei weiteren Honorarabrechnungen ohne eine mir bekannte Begründung bis zum vierfachen Satz der HOB steigerte.

Auffallend war dabei jedoch vor allem, dass der Rechtsanwender diese Honorarabrechnung einfach akzeptierte.
Dies nährte in mir den Verdacht, dass der Rechtsanwender mich als für den Vorschuss an den Sachverständigen
zahlungspflichtigen Beklagten damit veranlassen wollte, die Klage anzuerkennen und damit natürlich die gesamten bisherigen Kosten als meine „Strafe" für das Tä-
tig-werden-müssen durch den Rechtsanwender bezahlen
zu müssen.

Gemäß dem ersten Urteil der ersten Instanz hatte der
Kläger das Verfahren gewonnen.

Berufung: Aufgrund der gesetzlichen Regelung musste eine Berufung durch einen Rechtsanwalt erfolgen.

Berufungsentscheidung des Landesgerichtes: Der Berufung wurde statt gegeben.

Nach dieser Berufungsentscheidung vertrat ich mich
in dem zweiten Teil des Verfahrens nicht mehr selbst,
sondern ließ mich durch den Anwalt vertreten.

Da nicht nur der zweite Rechtsanwender (er war natürlich nicht erfreut, vom Landesgericht den Akt wieder
zurückerhalten zu haben), sondern auch der vom Gericht
bestellte Sachverständige möglicherweise wieder nicht
willens war, nach dieser Berufungsentscheidung den
Akteninhalt in geeignetem Umfang zu studieren, beauftragte ich gezwungenermaßen einen – mir vom Hauptverband der Sachverständigen genannten, ebenfalls gerichtlich beeideten und zertifizierten – Sachverständigen
mit der Erstellung eines Gutachtens.

Lernen musste ich in diesem Zusammenhang, dass
das Gutachten eines vom Gericht bestellten beeideten
und zertifizierten Sachverständigen nur durch einen
anderen, ebenfalls gerichtlich beeideten und zertifizierten Sachverständigen (grundsätzlich) widerlegt werden
kann.

Der von mir beauftragte Gutachter bestätigte meinen „Verdacht" gegen den Kläger hinsichtlich des teuersten Billigstbieters bei den Installateuren.

Dazu ist jedoch festzustellen, dass ich zuerst den Sachverständigen im Verfahren mit dem Elektriker mit Hilfe des Hauptverbandes der Sachverständigen bestellt hatte und zeitlich nachher jenen für das gegenständliche Verfahren mit dem Haustechnikplaner.

Nunmehr stellte auch der vom Gericht bestellte Sachverständige, sinngemäß formuliert, im Rahmen einer mündlichen Streitverhandlung gemäß Gerichtsprotokoll (offensichtlich veranlasst durch das Privatgutachten) fest: *„Der Kläger hat dem Beklagten* (Anm.: also mir) *den teuersten Installateur als Billigstbieter genannt. Ob dies in Betrugsabsicht geschah, muss das Gericht entscheiden."* Nun konnte der zweite Rechtsanwender auch nicht mehr anders und drehte das ursprüngliche Urteil zu meinen Gunsten um.

<u>Zweites Urteil:</u> Ich hatte das Verfahren im zweiten Anlauf gewonnen, die Klage des Haustechnikplaners wurde kostenpflichtig abgewiesen.

Obwohl ich das Verfahren zu 100 % gewonnen hatte, musste ich sodann die Kosten für das Privatgutachten gemäß dem Urteil überraschenderweise selbst tragen. Mein Anwalt hatte mich falsch informiert, da er mir zugesichert hatte, ich würde die Kosten des Privatgutachters ersetzt erhalten, wenn ich das Verfahren gewinnen würde. Hätte ich das Privatgutachten nicht erstellen lassen, hätte ich das Verfahren höchstwahrscheinlich verloren und der Schaden wäre aufgrund der hohen Kosten des vom Gericht bestellten Sachverständigen noch größer gewesen, weil ich diese Kosten sodann hätte tragen müssen.

Dies war mein erster Schock bei meinem ersten Zivilgerichtsverfahren. Da ich damals noch glaubte, dies sei

ein Ausnahmefall, ließ ich mich (leider) auf weitere Zivilgerichtsverfahren ein.

III.2 Klage des Elektrikers

Erster Rechtsanwender: Nur in geringem Umfang tätig, bestellte aber den Sachverständigen.

Zweiter Rechtsanwender: Schreiben des Sachverständigen an diesen zweiten Rechtsanwender mit der sinngemäßen Formulierung, ob der von ihm verlangte Vorschuss von ATS XXXXXX hoch genug sei? Dieser vom Sachverständigen in dem Schreiben angeführte Betrag stellte etwa das Doppelte des Klagebetrages des Elektrikers dar.

Der zweite Rechtsanwender teilte mir sodann in Anwesenheit meines Anwaltes außerhalb der Verhandlung sinngemäß mit: *„Herr Wieser, ich verstehe nicht, worum es in diesem Verfahren geht"*. Ob das der Grund war (wie ich erst viel später erfuhr), warum der Sachverständige ATS xxxxxx Vorschuss verlangen sollte, um mich vor weiteren Verhandlungen vor Gericht auf diese Weise abzubringen (und ohne weiteres Gerichtsverfahren und rechtskräftiges Urteil die Klagesumme an den Elektriker zu bezahlen), war natürlich nicht beweisbar, kam jedoch als möglicher Grund dafür in Betracht – siehe oben „Klage des Haustechnikplaners".

Der zweite Rechtsanwender war in diesem Verfahren dann nicht mehr tätig und es trat wieder einmal Verfahrensstillstand ein. Wer das „Ausscheiden" dieses zweiten Rechtsanwenders aus dem Verfahren veranlasst hatte, wurde mir nicht bekannt.

Dieses Schreiben des Sachverständigen bezüglich des von ihm verlangten Vorschusses wurde vom Gericht den Parteien nicht zugestellt, wie mein Anwalt bei einer von mir beauftragten und von ihm durchgeführten Akteneinsicht bei Gericht feststellte.

Da auch andere Schreiben des Sachverständigen an das Gericht nicht an die Parteien zugestellt worden waren (wie bei der Akteneinsicht festgestellt wurde), während das Richteramt dann nicht mehr besetzt war, wandte ich mich an den damaligen Präsidenten des Landesgerichtes als zuständige Dienstaufsichtsbehörde.

Dieser teilte mir aufgrund dieses „Beschwerdetelefonates" mit: *„Schon wieder dieser xxx!"* Gemeint war der Vorstand dieses Bezirksgerichtes, der die o.a. Schreiben pflichtgemäß an die Parteien hätte weiterleiten müssen, dies aber verabsäumt hatte. In der Folge erfuhr ich, dass dieser Vorstand aus seinem Dienst entlassen worden war.

Dritter Rechtsanwender: Erste Verhandlung, Bestellung eines zweiten Sachverständigen durch diesen Rechtsanwender, jedoch ohne den ersten Sachverständigen zu entlassen.

Der erste Sachverständige erstellte daraufhin eine Art von Gutachten, das u. a. von ihm erstellte Fotos hinsichtlich der Zählerkastenanlage beinhaltete, welche einen Zustand (Inhalt) dieser Zählerkastenanlage wiedergab, den es zum Zeitpunkt der Erstellung dieser Fotos gar nicht gegeben hatte (festgestellt durch Vergleichsfotos mit Datum und Uhrzeit, von deren Existenz der Sachverständige natürlich keine Kenntnis hatte, um ihn „überführen" zu können).

Der Grund für diese Vorgangsweise dieses Sachverständigen war möglicherweise, die tatsächliche, von mir eingewendete Mangelhaftigkeit der Arbeit des Elektrikers im „Gutachten" nicht zugeben zu müssen. Warum dieser Sachverständige dies tat, ist bis heute unklar.

Um das Verfahren nicht zu verlieren (und da ich selber keinen Sachverständigen kannte), wandte ich mich an den Hauptverband der Sachverständigen um Rat. Der Verband bestimmte sodann einen mir unbekannten Sachverständigen, welcher klären sollte, ob meine Beschwerden gerechtfertigt seien oder nicht. Dieser prüfte vor Ort meine Angaben und las auch die Protokolle aus dem gegenständlich Verfahren mit dem Elektriker. Er kam sodann zum Schluss, dass meine Beschwerden gerechtfertigt wären und meinte dann sinngemäß: *Diese Richterin hasst sie.* Darauf wurde mir vom Hauptverband der Sachverständigen ein Sachverständiger genannt, den ich dann beauftragte, ein Gutachten zu erstellen.

Auch das Gutachten durch den von mir beauftragten Sachverständigen, ausgewählt vom Hauptverband der Sachverständen ergab eine Bestätigung meiner Mängelangaben. Zu diesem Zeitpunkt war das Verfahren mit dem Haustechnikplaner noch nicht abgeschlossen und ich war daher noch der Auffassung, dass ich bei Gewinn des Verfahrens mit dem Elektriker die Kosten des Privatgutachters ersetzt erhalten würde, so wie es mein Anwalt mir bei Gewinn des Verfahrens versichert hatte.

Der dritte Rechtsanwender war trotz Antrages auf Ablehnung dieses ersten Sachverständigen nicht bereit, diesen zu entlassen und dieses Amt dem zweiten, ebenfalls vom Gericht bestellten Sachverständigen, zu übertragen. Der Grund dafür war möglicherweise, dass der Sachverständige schon zu „viel Vorschuss vom Staat kassiert hatte", da ich die geforderten ATS xxxxxx natürlich nicht bezahlt hatte. Möglicherweise wusste der Rechtsanwender auch nicht, wie er die Entlassung dieses Sachverständigen begründen sollte. Er hätte ja dann zugeben müssen, dass die Arbeit dieses Sachverständigen tatsächlich „zumindest" wertlos war (vom möglicherweise strafrechtlich zu ahndenden Vorgehen beim "Gutachten" einmal abgesehen).

Da der Rechtsanwender auch offensichtlich justizintern die Staatsanwaltschaft wegen der „Art der Sachverständigentätigkeit" dieses „Gutachters" nicht einschalten wollte, wandte ich mich schriftlich an den damaligen Präsidenten des zuständigen Oberlandesgerichtes, Zu meiner großen

Überraschung rief mich der Präsident dieses Gerichtes privat an und teilte mir in dem fast einstündigen Telefonat u.a. sinngemäß folgendes mit: *„So einfach kann man einen gerichtlich beeideten, zertifizierten Sachverständigen von der Liste der Sachverständigen nicht entfernen lassen."* Ich muss gestehen, dass mich allein schon diese Aussage des Präsidenten eines Oberlandesgerichtes zutiefst erschütterte – auch hinsichtlich des Rechtsverständnisses in Österreich bei der Justiz.

Ein Antrag auf Ablehnung dieses dritten Rechtsanwenders gemäß § 19 JN (Jurisdiktionsnorm) in diesem Verfahren wurde in letzter Instanz vom nunmehr neuen Präsidenten des zuständigen Landesgerichtes abgewiesen.

Der Gesetzestext dieses § 19 JN lautet:

„Ein Richter kann in bürgerlichen Rechtssachen abgelehnt werden,

• weil er im gegebenen Falle nach dem Gesetze von der Ausübung richterlicher Geschäfte ausgeschlossen ist,

• weil ein zureichender Grund vorliegt, seine Unbefangenheit in Zweifel zu ziehen."

Insbesondere die Formulierung „zureichender Grund" im Punkt (2) des § 19 JN stellt aus meiner Sicht einen zumindest „sehr dehnbaren Begriff" dar, ebenso der Begriff „Unbefangenheit", sodass aufgrund dieses Punktes ein Rechtsanwender wohl kaum erfolgreich (im Sinne einer „geschlossenen Gesellschaft") von einem Rechtsuchenden abgelehnt werden kann. Dass dieser Rechtsanwender einen gerichtlich beeideten und zertifizierten Sachverständigen mit dieser wohl doch „strafrechtlich zumindest bedenklichen" Gutachtenserstellung nicht aus dem Gerichtsverfahren eliminierte, war also im Rechtsstaat Österreich kein „zureichender Grund", diesen Rechtsanwender erfolgreich abzulehnen. Und es gab auch keinen

Grund, die Unbefangenheit dieses Rechtsanwenders in Zweifel zu ziehen, wie dieser Gerichtspräsident entschieden hatte.

Dies zeigt, wie bereits oben beschrieben, wie wichtig es wäre, die Selbstkontrolle bei den Gerichten zu ändern und damit faire Gerichtsverfahren zu ermöglichen.

Dass solche Gerichtsentscheidungen in Österreich in der Praxis vorkommen, sollte wohl bereits ein sehr deutlicher Grund sein, sich dieser Art von „Rechtsanwendung" in Zivilrechtsverfahren nicht auszuliefern. Der abgelehnte Rechtsanwender und der Präsident dieses Gerichts, welche für solche Handlungen verantwortlich waren, gehören im wahrsten Sinn des Wortes zu einer „geschlossenen Gesellschaft", wie es bei den „Wutbürgern" zitiert ist, oder etwa nicht?

Gemäß dem Urteil im Jahre 2003 wurde dann doch die „Klage des Elektrikers" aus dem unter Berücksichtigung meiner geltend gemachten Kompensandoforderungen* (soweit erforderlich) kostenpflichtig abgewiesen.

<u>Verfahrensdauer: etwa sieben Jahre.</u>

Der Elektriker hatte inzwischen Ausgleich angemeldet, sodass ich von einer aktiven Klage gegen ihn Abstand nehmen musste, da ich nur maximal (bei vollem Gewinn dieser Aktivklage) 40% des eingeklagten Betrages (restliche Kompensandoforderungen, welche in der „Klage des Elektrikers" nicht befriedigt worden waren) erhalten hätte können. Ich hätte wieder das volle Kostenrisiko (ich war ja wiederum beweispflichtig) zu tragen gehabt, da das Gericht auch in dieser Klage gegen den Elektriker zwecks Erstellung eines weiteren Gutachtens einen Sachverständiger bestellen hätte müssen.

* *Fußnote: Kompensandoforderungen entsprechen Kompensationsforderungen.*

So musste ich aufgrund der langen Verfahrensdauer in der „Klage des Elektrikers" auch diesen Schaden tragen – neben dem Schaden, der für mich durch das notwendige Privatgutachten entstanden war, obwohl ich das Passivverfahren zu 100% gewonnen hatte.

Und dies nur deshalb, weil der dritte Rechtsanwender in diesem Verfahren nicht bereit war, den ersten Sachverständigen zu entlassen, um damit ein Privatgutachten überflüssig zu machen und mein Anwalt mich bezüglich des Kostenersatzes für das Privatgutachten falsch informiert hatte.

Hätte ich dieses Privatgutachten nicht erstellen lassen, hätte ich das Verfahren höchstwahrscheinlich verloren und der Schaden wäre aufgrund des verrechneten Honorars des vom Gericht beauftragten ersten Sachverständigen noch größer gewesen.

III.3 Klage des Architekten

Erster Rechtsanwender: Nur zu Beginn geringfügig tätig.

Zweiter Rechtsanwender: Der zweite Rechtsanwender tolerierte eine Vorgehensweise durch den klagenden Architekten bzw. seinen Rechtsvertreter, wie ich sie in keinem anderen Verfahren in all diesen Jahren erlebt habe – etwa auffallende Prozessverzögerung, insbesondere bei Befundaufnahmen durch Klagevertreter, durch klagenden Architekten nach Aufforderung durch das Gericht zur Urkundenvorlage, Akzeptanz von vorgelegten Urkunden ohne bzw. mit unklarem Erstellungszeitpunkt durch das Gericht, usw.

Der klagende Architekt benahm sich in dem Verfahren so, als sei nicht er der Kläger in diesem Verfahren, sondern als wäre ich, der Beklagte, in dieser Rolle.

Der vom Gericht bestellte Sachverständige leistete eine professionelle und faire Arbeit.

Urteil im April 2002: Die Klage des Architekten wurde kostenpflichtig, unter Berücksichtigung auch eines geringen Teils der von mir eingebrachten Kompensandoforderungen, gemäß dem Vertrag vom 29.6.1995 mit dem Kläger abgewiesen. Der Berufung des Architekten beim zuständigen Landesgericht wurde nicht Folge gegeben.

Verfahrensdauer: etwa sieben Jahre.

Mein zuletzt tätiger Anwalt in diesem Verfahren kannte die entscheidende Judikatur hinsichtlich „Werkvertrag, Bevollmächtigungsvertrag bzw. die Kombinationstheorie aus diesen beiden Vertragsarten" im Zusammenhang mit Verfahren gegen Architekten seitens des Obersten Gerichthofes nicht – obwohl ich ihn vor seiner Bestellung befragt hatte, ob er

Erfahrung im Führen von Zivilgerichtsverfahren gegen Architekten hätte und er dies bejahte. Dies musste ich als Nichtjurist aufgrund meiner mühsamen und zeitaufwendigen Recherchen mit Hilfe vom RIS erkennen. Und ich stellte mir nicht zum ersten Mal die Frage, wozu ich eigentlich einen Anwalt habe, wenn ich seine Arbeit machen muss.

Der Architekt musste aufgrund des Urteils die gesamten Verfahrenskosten aus seiner eigenen Tasche bezahlen, da die Versicherungsgesellschaft ihn aufgrund des Vertrages vom 29.6.1995 mit dem Architekten von der Versicherungsdeckung* ausgeschlossen hatte, wie ich von der Versicherungsgesellschaft auf meine Anfrage hin erfuhr. Dies war für mich jedoch im Hinblick auf das bereits am 3.4.1998 eingeleitete Gerichtsverfahren gegen diesen Architekten bei einem Landesgericht natürlich nicht befriedigend, da ich zu diesem Zeitpunkt noch überzeugt war, die Klage gegen diesen Architekten in voller Höhe zu gewinnen.

Eine von mir durchgeführte Recherche brachte das Ergebnis, dass dieser Architekt vor dem rechtskräftigen Urteil im Spätherbst des Jahres 2002 im nunmehr abgeschlossenen Passivverfahren ein kaum belastetes, mit einem Reihenhaus bebautes Grundstück als Alleineigentümer besaß.

Wie sich wiederum erst später herausstellte, ergab sich aus den Eintragungen aufgrund eines im Grundbuch eingetragenen Notariatsaktes mit unvollständigen und irreführenden Einlagezahlangaben (aufgrund eines möglichen Irrtums seitens der bei diesen Vorgängen involvierten Personen „oder möglicherweise

* *Üblicherweise schließt die Architektenkammer für ihre Mitglieder eine Gruppenhaftplicht-Versicherung sowie eine Rechtschutzversicherung ab.*

aus anderen Gründen") ein falsches Bild über die tatsächlichen Vermögensverhältnisse des beklagten Architekten.

Das alles kümmerte meinen Anwalt überhaupt nicht, obwohl er mich damals auch in dem Verfahren „Klage gegen den Architekten" vertrat; ihn interessierte offensichtlich auch nicht, dass der Architekt keine Deckung durch seine Haftpflichtversicherung mehr hatte.

Er machte dann später in seinem Verfahren „Klage des Anwaltes, der mich in der Klage des Architekten vertreten hat" einfach geltend, der Architekt habe ja „im zweiten Anlauf sozusagen" den vom Gericht festgestellten Betrag bezahlt. Alles andere war für ihn offenbar uninteressant.

Wie ich nach Ende des gegenständlichen Verfahrens von einem Anwaltskollegen erfuhr, sollte nach dessen Aussage dieser zuletzt in der „Klage des Architekten" für mich tätige Anwalt ein guter Freund bzw. Jagdfreund des Klagevertreters im Verfahren „Klage des Architekten" sein. Meiner Aufforderung, den Sachverhalt aufzuklären, kam dieser Rechtsanwalt nicht nach, kündigte das Mandat und klagte mich. Ob diese Vorgehensweise des nunmehr dann gegen mich Klage einbringenden Anwaltes als ein Geständnis hinsichtlich der Freundschaft mit dem Klagevertreter in der „Klage des Architekten" zu bewerten sei, kann gerne der Leser beurteilen.

III.4 Klage des Anwaltes, der mich in der Klage des Architekten vertrat

Wie bereits in der „Klage des Architekten" oben angeführt, hatte dieser Anwalt das Mandat gekündigt und brachte sodann Klage gegen mich ein.

Als Honorar war mit diesem Anwalt Abrechnung nach dem RATG (Rechtsanwaltstarifgesetz) mündlich vereinbart. Dieser Rechtsvertreter bestritt das in dem Verfahren, obwohl er bis zur seiner Kündigung des Mandats nur nach dem RATG schriftlich abgerechnet hatte!!!

Eine schriftliche Vereinbarung gab es nicht. Ich kannte bis zu diesem Zeitpunkt auch gar keine andere Art der Honorarabrechnung für Rechtsanwälte als die nach dem RATG.

Die Honorierung für Rechtsanwälte habe ich im Kapitel "Rechtsanwälte und Rechtsanwaltskammern" beschrieben. Diese Beschreibung wird spezifisch für dieses Verfahren wie folgt ergänzt, da dieser § 2 RATG nur in diesem Fall eine Rolle spielt:

§ 2 (1) RATG: „Durch den Tarif wird das Recht der freien Vereinbarung nicht berührt."

§ 2 (2) RATG: „Auch wenn eine Entlohnung nicht vereinbart wurde, kann der Rechtsanwalt einen durch besondere Umstände oder durch eine von seiner Partei veranlasste besondere Inanspruchnahme gerechtfertigten höheren Anspruch als im Tarif vorgesehen gegen diese Partei geltend machen."

Diese so genannte „gesetzliche" Regelung war im konkreten Fall eine Falle. Dieser „Rechtsanwalt" nutzte meine damalige Unkenntnis hinsichtlich der RAO und des RATG aus, aber auch meine damals noch geringe Erfahrung im Umgang mit Rechtsanwälten. Der Anwalt machte in dem Verfahren nämlich eine „erhöhte Inanspruchnahme" geltend.

Fairerweise sollte im Gesetz festgelegt sein, dass das RATG (und keine besondere Inanspruchnahme des Anwaltes durch seinen Mandanten) als vereinbart dann zur Geltung kommen, wenn ein Rechtsanwalt und sein Mandant keine andere schriftliche Vereinbarung haben. Das würde es Rechtsanwälten – wie in diesem konkreten Fall – nicht so einfach machen, bei der Honorarabrechnung mit einem diesbezüglich unerfahrenen Rechtsuchenden auf diese Art „Gewinnmaximierung" zu betreiben.

Der Anwalt hatte in seinen Honorarnoten zuerst nur nach dem RATG und in der späteren Gesamtabrechnung auch andere Arten der Honorarabrechnung, wie im Kapitel „Rechtsanwälte und Rechtsanwaltskammern" beschrieben, vorgenommen, für die es überhaupt keine Vereinbarung mit ihm gab.

Alles das akzeptierte der Rechtsanwender mehrheitlich und ich verlor überraschend (nein, eigentlich nicht mehr überraschend, siehe insbesondere die Verfahren des Haustechnikplaners bzw. des Elektrikers) dieses Verfahren weitgehend.

Ob das Verhalten des Rechtsanwenders, der zuletzt die Verfahren „Klage des Haustechnikplaners", sodann die „Klage des Elektrikers", die „Klage des Architekten" und zuletzt die „Klage des Anwaltes, der mich in der Klage des Architekten vertrat" vertreten hatte, dazu führte und ein Beweis dafür ist, dass dieser Rechtsanwender sich in der „Klage des Anwaltes, der mich in der Klage des Architekten vertrat" für die Ablehnung gemäß § 19 JN auf diese Art bedanken wollte, ist durchaus möglich, kann natürlich aber nicht bewiesen werden.

Fast schon erwartungsgemäß wurde das gegen dieses Urteil dieses Rechtsanwenders von meinem Anwalt eingebrachte Rechtsmittel vom (neuen) Berufungssenat abgewiesen. Ob dieser Berufungssenat (insbesondere der Vorsitzende) damit bewies, dass er dieser so genannten

„geschlossenen Gesellschaft" (deren Bedeutung der Leser gerne nach seiner Vorstellung zuordnen kann) angehörte, sah ich aus diesem Grunde als gegeben an.

Die Vorgehensweise des Rechtsanwenders und des Senatsvorsitzenden für die Berufung fiel auch dem Rechtsanwender im Rahmen meiner weiter unten angeführten „Klage gegen den Anwalt, der mich in der Klage des Architekten vertrat" auf.

Diesem Rechtsanwender in meiner „Klage gegen den Anwalt, der mich in der Klage des Architekten vertrat" lag ja der Gerichtsakt aus der „Klage des Anwaltes, der mich in der Klage des Architekten vertrat" vor. Er meinte im Rahmen einer Verhandlung sinngemäß: *„Herr Wieser, das würde ich mir an ihrer Stelle aber nicht gefallen lassen!"*

Das war sicher von dem Rechtsanwender gut gemeint. Aber welche Möglichkeiten hat man als Nichtjurist?

Ablehnung des Rechtsanwenders gemäß § 19 JN? Antrag abgewiesen.

Beschwerde beim Bundesministerium für Justiz? Ohne Erfolg.

Disziplinaranzeige bei der zuständigen Rechtsanwaltskammer? Ohne Erfolg.

Volksanwaltschaft? Nicht zielführend, da dafür nicht zuständig.

Medien? Antwort: Wie soll ich meinen Lesern diesen Sachverhalt klar machen?

<u>Ein Buch schreiben? Dieses lesen Sie gerade!</u>

Hinsichtlich des Rechtsanwaltes und Klägers im gegenständlichen Verfahren brachte ich, wie schon gesagt, sodann eine Disziplinaranzeige bei der für diesen Anwalt zuständigen Rechtsanwaltskammer ein. Ich erhielt daraufhin eine Vorladung von dieser Kammer mit dem Hinweis, dass ich bei Nichterscheinen zu dem genannten Termin eine solche vom Staatsanwalt bekäme.

Natürlich war mir bekannt, dass dies eine leere Drohung seitens des Vorladenden dieser Kammer war. Aber ich erschien zu diesem Termin, weil mich einfach interessierte, was mich erwartete. Vor mir saß dann ein junger Anwalt, der mir nach einem kurzen Gespräch versicherte, dass dieser (er meinte den Anwalt) eine Strafe kriegen würde und mir dann erläuterte, welche Strafe dies sein könnte.

Zu meiner nicht sehr großen Überraschung wurde dann einige Zeit später von dieser Rechtsanwaltskammer das Verfahren gegen diesen Anwalt eingestellt. Mein neuer Anwalt meinte mir gegenüber in einem Gespräch: „*Da haben ihm* (also seinem Vorgänger und Anwaltskollegen) *wieder seine Freunde geholfen.*"

Siehe dazu die Veröffentlichung der Salzburger Rechtsanwälte und die Entscheidung des Obersten Gerichtshofes gegen die Anwaltskammern, wie oben angeführt.

III.5 Klage des Tischlers

Mein Rechtsanwalt, welcher mich in der ersten Instanz in diesem Verfahren vertrat, versicherte mir vor Prozessbeginn, dass ich dieses Verfahren in jedem Fall zumindest zu 50% schon gewonnen hätte, weil der Tischler falsch geklagt hätte, da die Tischlerei ihm und seiner Frau zu je 50% gehören würde, der Tischler jedoch nur in seinem Namen allein die Klage gegen mich eingebracht hätte. Diese Aussage meines Rechtsanwaltes erwies sich jedoch als falsch. Dieser Umstand wurde in dem Verfahren jedenfalls vom Rechtsanwender ignoriert, ob zu Recht oder nicht, weiß ich bis heute nicht.

Da ich zum Zeitpunkt der „Klage des Tischlers" den juristischen Begriff der „Nebenintervention" nicht kannte und der Anwalt, welcher mich in dem Verfahren mit dem Tischler in erster Instanz vertrat und mich – aus welchen Gründen auch immer – diesbezüglich nicht aufklärte, unterblieb die Streitverkündigung an den Architekten mit der Aufforderung, an meiner Seite in dieses Verfahren gegen den Tischler einzutreten.

Erst von dem Rechtsanwalt, der in diesem Verfahren dann später für mich die Berufung an das Oberlandesgericht einbrachte, erfuhr ich, worum es dabei juristisch ging.

Die Nebenintervention ist in der Zivilprozessordnung (ZPO) § 18 wie folgt festgelegt:

§ 18 ZPO: *„Die Nebenintervention kann in jeder Lage des Rechtsstreites bis zu dessen rechtskräftiger Entscheidung durch Zustellung eines Schriftsatzes an beide Parteien erfolgen. Der Intervenient hat das Interesse, welches er am Siege einer der Prozessparteien hat, bestimmt anzugeben.*

Über einen von einer der Prozessparteien gestellten Antrag auf Zurückweisung der Nebenintervention ist nach vorhergehender mündlicher Verhandlung zwischen dem Bestreitenden und dem Intervenienten durch Beschluss zu entscheiden. Hierdurch wird der Fortgang der Hauptverhandlung nicht gebremst.

Solange dem Zurückweisungsantrag nicht rechtskräftig stattgegeben ist, muss der Intervenient dem Hauptverfahren zugezogen werden und können Prozesshandlungen desselben nicht ausgeschlossen werden."

(Anm.: aufgehoben durch BGBL I Nr. 30/2009)

Der § 18 ZPO ist nicht (wie missverständlich in der Veröffentlichung im RIS angeführt) am 1.4.2009 in Kraft getreten, sondern schon wesentlich früher. Am 1.4.2009 ist die Aufhebung des Punktes (4) des § 18 ZPO erfolgt. Der § 18 ZPO (1-3) ist auch in OGH-Entscheidung 1Ob 121/09i vom 29.5.1995 definitiv angeführt. Dies hätte mein Anwalt im Verfahren wissen müssen. Er hat mich daher nicht nach dem Gesetz vertreten.

Das Gutachten von einem Tischlermeister als Sachverständiger war wertlos und wurde bei der Entscheidung des Gerichtes kaum beachtet.

Der Tischler als Kläger behauptete, er hätte vom Architekten keine relevanten Detailpläne erhalten und bestritt aber auch, unzutreffenderweise, diese Pläne von mir direkt (nach dem Ausscheiden des Architekten aus dem Bauvorhaben) erhalten zu haben. Dass der Tischler diese Pläne bekommen hatte, hatte ich jedoch dem Gericht bereits mittels Schreiben an die Gattin des Tischlers nachgewiesen. Der Architekt wurde von dem Rechtsanwender als Zeuge geladen, konnte oder wollte jedoch keinen Beitrag zur diesbezüglichen Klärung leisten. Dass der Rechtsanwender den Architekten als Zeugen laden musste, war ein weiterer Vertretungsmangel von meinem Anwalt Es wäre die Aufgabe von diesem Anwalt in diesem Verfahren gewesen, den Architekten als Zeugen zu laden und ihm entsprechende Fragen zu stellen.

Dass der Architekt Pläne nicht an den Tischler weiter geleitet hatte, habe ich erst im Verfahren mit dem Architekten im Passivprozess erfahren, welches – aufgrund der Prozessverzögerungen in diesem Verfahren – zeitlich erst viel später zu Ende ging als das gegenständliche Verfahren mit dem Tischler.

<u>Urteil in erster Instanz:</u> Ich hatte das Verfahren weitgehend verloren.

Aufgrund des erhaltenen Urteils rief ich beim Gericht an und wollte einen Termin wegen einer Akteneinsicht vereinbaren. Zufällig hob der Rechtsanwender, welcher das Urteil im Verfahren mit dem Tischler verfasst hatte, das Telefon ab und es entwickelte sich ein Gespräch zwischen ihm und mir zu dem Urteil. Ich wies den Rechtsanwender in diesem Gespräch auf die meiner Meinung nach entscheidenden Urkunden hin – zum Beweis dafür, dass der Tischler von mir die Detailpläne des Architekten erhalten hatte. Der Rechtsanwender tat erschrocken und sagte offenbar zu seiner Entschuldigung, er arbeite nur halbtags und hätte „vier Tage um das Urteil gerungen", um mir dann – sinngemäß formuliert – zu raten: *„Mit einer gut formulierten Berufung an das Oberlandesgericht haben sie vielleicht eine Chance."*

Ich entzog meinem ersten Anwalt in diesem Verfahren wegen – wie ich sodann später im Rahmen meiner Suche nach einem (wieder einmal) „hoffentlich" kompetenteren Anwalt erfuhr – rechtlich falscher und nicht dem Gesetz entsprechenden Tätigkeiten (z. B. keine Verkündung des Streits an den Architekten gemäß § 18 ZPO Nebenintervention, falscher und für mich grob irreführender Information bezüglich der Klage des Tischlers – 50%, siehe oben, nicht erfolgter Ladung des Architekten als Zeuge und dessen Befragung usw.) das Mandat und ersuchte einen anderen Anwalt, die Berufung beim zuständigen Oberlandesgericht einzubringen.

Zur Klarstellung hinsichtlich der Aktenlage fertigte ich eine übersichtliche Zusammenstellung (auf einer A4 Seite) bezüglich der bereits in der ersten Instanz vorgelegten Detailpläne und dem Schreiben an die Frau des Tischlers an. Diese Zusammenstellung wurde von meinem zweiten Anwalt in diesem Verfahren der Berufung beigelegt.

Der Berufung wurde vom Oberlandesgericht jedoch nicht Folge geleistet mit der Feststellung, die Vorlage dieser Aufstellung (Zusammenstellung über bereits in der ersten Instanz vorgelegten und zum Beweis zugelassenen Urkunden) entspreche dem Neuerungsverbot (§ 482 ZPO).

§ 482 ZPO lautet: *„In der Verhandlung vor dem Berufungsgerichte darf mit Ausnahme des Anspruches auf Erstattung der Kosten des Berufungsverfahrens weder ein neuer Anspruch noch eine neue Einrede erhoben werden.*

Thatumstände und Beweise, die nach Inhalt des Urteils und der sonstigen Prozessakten in erster Instanz nicht vorgekommen sind, dürfen von den Parteien im Berufungsverfahren nur zur Darthuung oder Wiederlegung der geltend gemachten Berufungsgründe vorgebracht werden, auf solches neues Vorbringen darf überdies nur dann Rücksicht genommen werden, wenn es vorher im Wege der Berufungsschrift oder Berufungsbeantwortung (§ 468 ZPO) dem Gegner mitgeteilt wurde.“

Dies alles nur, weil der Rechtsanwender der ersten Instanz diese vorgelegten Urkunden für das Urteil „möglicherweise übersehen", jedenfalls bei seiner Urteilsfindung nicht berücksichtigt hatte.

Die Feststellung „Neuerungsverbot" war insofern unverständlich, da die relevanten Urkunden ja im Verfahren in der ersten Instanz vorgelegt und vom Gericht zum Beweis zugelassen worden waren. Nur die eine Seite mit der Zusammenfassung dieser bereits vorliegenden Urkunden war „neu". Es ging mit dieser Zusammenfassung ja nur darum, die „Prüfungsarbeit" der Rechtsanwender beim Berufungsgericht zu erleichtern. Diese Feststellung des Oberlandesgerichtes hat in mir den Eindruck geweckt, dass die Rechtsanwender, die entschieden hatten, dass ein Neuerungsverbot vorliegt, kein Interesse hatten, sich tatsächlich mit dem Berufungsinhalt auseinanderzusetzen und die Gelegenheit wahrnahmen, sich mit dem Sachverhalt entsprechend der Berufung nicht mehr beschäftigen zu müssen.

Auf eine Klage gegen den ersten Anwalt verzichtete ich, da ich ja (damals noch) davon ausging, den Schaden aus der „Klage des Tischlers" in der „Klage gegen den Architekten" aufgrund der „Schad- und Klagloshaltung" im Vertrag vom 29.6.1995 mit dem Architekten ersetzt zu bekommen.

Aus dem gleichen Grund verzichtete ich auf eine Klage gegen den Anwalt, der die Berufung in dem Verfahren eingebracht hatte und mir den Rat gegeben hatte, diese eine A4-Seite mit der Zusammenstellung zu verfassen und ihm zwecks Beilage zur Berufung übergeben hatte. Als Anwalt hätte er aufgrund seiner Erfahrung und Gesetzeskenntnis wissen müssen, dass das Berufungsgericht durch die Vorlage dieser „einen Seite" zusammen mit der Berufung im Sinne des Neuerungsverbotes entscheiden würde.

Die Klagen gegen diese beiden Anwälte konnte ich nach dem rechtskräftigen Abschluss des „Verfahren gegen den Architekten"; siehe weiter unten, nicht mehr bei

Gericht einbringen, da diesbezüglich wegen der langen Verfahrensdauer in diesem „Verfahren gegen den Architekten" bereits Verjährung eingetreten war.

III.6 Klage gegen den Zimmerer

Nachdem mich mein nunmehriger Anwalt bezüglich der Nebenintervention im Rahmen der Berufung im Verfahren mit dem Tischler aufgeklärt hatte, verkündigte ich dem Architekten in diesem Verfahren mit dem Zimmerer den Streit entsprechend § 18 ZPO – mit der Aufforderung, an meiner Seite in dieses Verfahren einzutreten.

Der Architekt trat jedoch dem Verfahren auf der Seite des Zimmerers als Nebenintervenient bei, weil er offensichtlich Sorge hatte, dass der Zimmerer ihn gerichtlich belangen könnte. Der Rechtsanwender stellte im Rahmen der ersten Verhandlung (sinngemäß) fest: *„Eigentlich gehört der Architekt auf die Anklagebank"*, ließ aber die Nebenintervention des Architekten auf Seiten des Zimmerers zu (weil die gesetzlichen Voraussetzungen dafür vorlagen, wie ich von meinem nunmehrigen Anwalt erfuhr).

Der Sachverständige lieferte eine professionelle Arbeit und bestätigte weitestgehend meine Einwendungen in seinem Gutachten.

Meine Klage wurde in erster Instanz abgewiesen – wegen des verspäteten Vorbringens meines Anwaltes, ich sei Konsument im Sinne des Konsumentenschutzgesetzes (weil er diese Entscheidung des Obersten Gerichtshofes offensichtlich nicht kannte). In der Folge stellte das Oberlandesgericht als zweite Instanz „Neuerungsverbot" gemäß § 468 ZPO fest, da dieses Vorbringen, ich sei Konsument, von meinem Anwalt erst im Rahmen der Berufung gegen das Urteil der ersten Instanz vorgebracht worden war.

Mein Anwalt hätte in der ersten Instanz vorbringen müssen, sein Mandant (also ich) sei Konsument im Sinne des Konsumentenschutzgesetzes. Der Zimmerer bzw. sein Anwalt kannten diese Entscheidung des Obersten

Gerichtshofes offensichtlich und nutzten dieses Wissen als so genannte „Falle" in diesem Verfahren aus. Die Problematik mit der Suche nach der einschlägigen Judikatur durch den Rechtsanwalt habe ich bereits oben beschrieben.

Aufgrund dieser Entscheidung des Berufungsgerichtes wurde sehr deutlich, welche Auslegungsmöglichkeiten die Rechtsanwender in einem Berufungssenat bei einem Oberlandesgericht mit dem so genannten „Neuerungsverbot" als rechtskonform betrachten: Natürlich war in diesem Verfahren jedem klar, dass ich Konsument im Sinne des Konsumentenschutzgesetzes war (bin). Aber es fehlte eben in den Augen des Berufungsgerichtes das formale Vorbringen dazu durch meinen Anwalt in der ersten Instanz.

Auf eine Klage gegen meinen Anwalt verzichtete ich, da ich ja (fälschlicherweise) davon ausging, den Schaden aus der „Klage gegen den Zimmerer" im Verfahren gegen den Architekten aufgrund der „Schad- und Klagloshaltung" im Vertrag vom 29.6.1995 mit dem Architekten ersetzt zu bekommen.

Tatsache war jedenfalls, dass mich der Anwalt nicht dem Gesetz nach vertreten hatte und ich deshalb berechtigt gewesen wäre, Schadenersatz von ihm zu fordern, und ich ihn nötigenfalls verklagen hätte müssen. Dies habe ich aus oben genannten Gründen nicht getan. Als rechtskräftig feststand, dass ich auch im Verfahren gegen den Architekten den Schaden nicht ersetzt erhalten hatte, war es zu spät, den Anwalt zu verklagen, weil inzwischen Verjährung eingetreten war.

III.7 Klage gegen den Anwalt, der mich in der Klage des Architekten vertrat

Nachdem der Anwalt, wie im Kapitel „Klage des Architekten" beschrieben, das Mandat gekündigt hatte, musste mich dieser Umstand veranlassen, mir einen neuen Anwalt zu suchen.

Nach Darlegung des Sachverhalts und Übergabe der Akten teilte mir mein nunmehr (wieder einmal) neuer Anwalt mit, dass seiner Meinung nach sein Vorgänger und nunmehriger Beklagter in diesem neuen Verfahren offensichtlich verabsäumt hatte, einen aktuellen Auszug aus dem Grundbuch (nach dem rechtskräftigen Ende des Passivverfahrens mit dem Architekten im Spätherbst des Jahres 2002) zu beschaffen. Da mich der neue Rechtsanwalt auch im Aktivverfahren gegen den Architekten vertrat (so wie auch der nunmehr beklagte Rechtsanwalt vor seiner Kündigung des Mandats), hatte sich der neue Anwalt auch einen aktuellen Grundbuchauszug über das Grundvermögen aufgrund der mir damals bekannten Einlagezahlen aus dem Grundbuchsakt dieses Architekten besorgt.

Wie dieser Anwalt mir sodann aufgrund des aktuellen Grundbuchsauszuges darlegte, hatte der Architekt – zeitnah zu seinem Prozessverlust im Rahmen seiner „Klage des Architekten" gegen mich vor dem Gericht erster Instanz 50% seines Grundvermögens per Notariatsakt an seine Gattin übertragen bzw. ihr geschenkt.

Der Grund für diese Übergabe/Schenkung war naheliegenderweise das Aktivverfahren gegen ihn („Klage gegen den Architekten") und dass er ja keine Haftpflichtversicherungsdeckung aufgrund der Kündigung durch die Versicherung mehr hatte.

Wie bereits oben im Rahmen der „Klage gegen den Architekten" dargestellt, ergab sich aus den Eintragungen aufgrund eines im Grundbuch eingetragenen Notariatsaktes mit falschen Einlagezahlangaben (aufgrund eines möglichen Irrtums der bei diesen Vorgängen involvierten Personen oder aus möglicherweise anderen Gründen) ein falsches Bild über die tatsächlichen Vermögensverhältnisse des beklagten Architekten.

Der neue Rechtsanwalt teilte mir daraufhin eines Tages mit, er sei von einem im „Justizbereich tätigen Juristen" (den Namen und seine berufliche Stellung führe ich nicht an, um diesem Menschen für sein faires Verhalten mir gegenüber nicht zu schaden) informiert worden, dass jener durch Zufall entdeckt hätte, dass noch eine weitere Einlagezahl im Grundbuch beim Grundvermögen des Architekten existiere und dass dort erhebliche finanzielle Belastungen bezüglich dieses Reihenhauses im Grundbuch eingetragen wären.

Dieser Anwalt klärte mich weiter dahingehend auf, dass es erforderlich sei, ein Verfahren gegen den Architekten zusätzlich einzuleiten, um eine Anfechtung des Übergabevertrages vom Architekten an seine Gattin zu bewirken. Es gäbe hier im Exekutionsrecht (EO) eine Zweijahresfrist, die bezüglich der Beweislast seitens der Parteien (Architekt einerseits und von mir andererseits) zu beachten und ganz wesentlich sei.

Da der ausgeschiedene Rechtsanwalt nach Meinung meines nunmehrigen Rechtsanwaltes die Zweijahresfrist gemäß dem Exekutionsrecht nicht beachtet und verabsäumt hatte, mir anzuraten, diesen mit der Gattin dieses Architekten geschlossenen Übergabe- bzw. Schenkungsvertrag zur Sicherung allfälliger künftiger Forderungen des beklagten Architekten bei Gericht anzufechten und eine einstweilige Verfügung hinsichtlich eines Veräußerungs- und Belastungsverbotes in Ansehung bestimmter Liegenschaftsanteile zu erwirken, empfahl er mir, sicherheitshalber eine Klage gegen diesen Rechtsanwalt einzubringen, um einer Verjährung meiner Ansprüche gegen diesen Anwalt wegen dessen Versäumnis vorzubeugen bzw. diese zu verhindern. Zu diesem Zeitpunkt war ja immer noch nicht klar, wann das Aktivverfahren gegen diesen Architekten aufgrund der „Klage gegen den Architekten" rechtskräftig zu Ende sein würde.

Im Vertrauen auf die Richtigkeit seiner Überlegungen und der juristischen Notwendigkeit (ich hatte keinerlei Erfahrungen in diesen Angelegenheiten, die – wie ich dann gelernt habe – der Exekutionsordnung (EO) zuzuordnen waren), gab ich diesem neuen Anwalt den Auftrag, meine Interessen auch diesbezüglich zu vertreten.

Im Zuge der Erstellung der Klageschrift und des damit verbundenen Aktenstudiums lernte dieser Anwalt sodann auch die von mir bei seinem Vorgänger unterschriebene Vollmacht kennen, in der zwei Anwälte namentlich angeführt waren.

Woher dieser Anwalt in der Folge die Information hatte, dass die beiden auf dieser Vollmacht angeführten Rechtsanwälte im Rahmen einer Gesellschaft bürgerlichen Rechts tätig waren, ist mir nicht bekannt. Er meinte nur, Anwälten sei dies gesetzlich erlaubt und erklärte mir nunmehr, was dies bei einer Klage gegen solche Rechtsanwälte bedeuten würde und wies mich auf das entsprechende Gesetz hin.

Im § 1 a) (1) RAO (Rechtsanwaltsordnung) heißt es auszugsweise:

„Die Ausübung des Rechtsanwaltsberufes ist auch in der Rechtsform der Gesellschaft bürgerlichen Rechts ... zulässig."

Mir war zwar der Begriff „Gesellschaft bürgerlichen Rechts" aufgrund meiner Ausbildung vor vielen Jahren noch ganz dunkel in Erinnerung. Was dies jedoch in der Praxis bei Rechtsanwaltskanzleien bedeuten würde, war mir zu diesem Zeitpunkt nicht bekannt.

Der neue Anwalt erläuterte mir daraufhin, dass ich in diesem Falle in dem neuen Verfahren beide Anwälte klagen müsse, da ansonsten jeder der beiden Anwälte bei Gericht vorbringen könnte, nicht er, sondern sein Partner hätte jeweils eine bestimmte Arbeit (mangelhaft) erledigt.

Da ich diese gesetzliche Regelung für Rechtsanwälte bezüglich der Gesellschaft bürgerlichen Rechts als sehr unfair gegenüber Mandanten dieser Rechtsanwälte empfand, meinte sodann mein neuer Anwalt, ich hätte diese Rechtsanwälte nicht beauftragen bzw. später den Vertrag mit diesen kündigen müssen.

Woran ein Nichtjurist und unerfahrener Rechtsuchender erkennen könne, wenn Anwälte ihre Kanzlei im Rahmen einer Gesellschaft bürgerlichen Rechts führen, konnte er mir jedoch nicht erklären.

Mein weiterer Einwand, dass ja auch zehn Anwälte auf so einer Vollmacht aufscheinen könnten und damit folgerichtig gegebenenfalls Klage gegen zehn Rechtsanwälte geführt werden müsste, beantwortete mein nunmehr neuer Anwalt mit: „So ist das *Gesetz*."!!

Ich müsse bei dieser Entscheidung beachten, dass ich im Falle eines Prozessverlustes die Honorare beider Anwälte zu bezahlen hätte (zusätzlich zu seinem Honorar).

Hier stellt sich wohl die Frage, welcher nicht rechtschutzversicherte Kläger eines Rechtsanwaltes wird vor der Unterzeichnung einer Vollmacht bei einem Rechtsanwalt wissen, dass er bei einer verlorenen Klage gegen die auf der Vollmacht angeführten Rechtsanwälte jeweils das volle Honorar für jeden der beklagten Rechtsanwälte bezahlen muss?

Warum sollte ein nicht rechtschutzversicherter Mandant bei einer möglicherweise verlorenen Klage gegen den früheren Anwalt das jeweils volle Honorar für mehrere Anwälte zahlen, obwohl er <u>wissentlich nur einen Anwalt</u> beauftragt hat und <u>auch natürlich nur einen Anwalt</u> zum Erledigen seiner Rechtsangelegenheiten benötigt hat?

Natürlich löste diese Mitteilung meines neuen Anwalts keine positiven Gefühle gegen diese beiden Anwälte aus, da mir durch die Worte des neuen Anwaltes bewusst geworden war, welches Spiel seine Vorgänger getrieben hatten.

Dass eine von einem Anwalt erbrachte Leistung nur einmal an den Mandanten verrechnet werden kann, war klar. Aber die Angelegenheit mit dieser bezüglich der für Rechtsanwälte zugelassenen Rechtsform der bürgerlichen Gesellschaft zur Führung einer Rechtsanwaltskanzlei war für mich ein neuer Tiefschlag bezüglich des Rechtstaates Österreich.

Ich habe mich daher an das Justizministerium gewandt, bekam jedoch sinngemäß die Antwort: *„Das ist halt so."*

Rechtsanwälte, die ihre Kanzlei in der o.a. Rechtsform führen und ihren Mandanten vor der Vollmacht diesbezüglich nicht aufklären, wollen möglicherweise sicher gehen, bei Fehlern nicht geklagt werden zu können, weil ein nicht rechtschutzversicherter Mandant sich das finanziell normalerweise nicht leisten kann.

Der neue Anwalt schätzte diese Gefahr – aufgrund der seiner Meinung nach „eindeutigen Gesetzeslage" bezüglich des Versäumnisses der Frist zur weiteren Einbringung einer Klage wegen des Übergabevertrages des Architekten an seine Gattin zu verlieren – als eher gering ein. Ebenso bezüglich der mangelhaften Vertretung wegen des Versäumnisses beim Beschaffen der vollständigen Informationen aus dem Grundbuch. Daher entschloss ich mich, dem Rat des Anwaltes zu folgen und ihm den Auftrag zu geben, diese Klage einzubringen um meine Chancen zu erhöhen, das im „Verfahren gegen den Architekten" mir sodann rechtskräftig zugesprochene Geld vom Architekten auch tatsächlich zu erhalten.

Dieses Beispiel mit der Führung einer Rechtsanwaltskanzlei im Rahmen einer Gesellschaft bürgerlichen Rechts und den damit verbundenen juristischen Konsequenzen für Nichtjuristen zeigte mir wieder einmal, welchen Einfluss Rechtsanwälte bzw. deren Kammern auf die Gesetzgebung in Österreich haben.

Das Ergebnis dieses Verfahrens: In der ersten Instanz gewann ich diesen Teil dieses Verfahrens, in der zweiten Instanz wurde dieses Urteil vom Berufungssenat des Oberlandesgerichtes jedoch „abgeändert" oder anders ausgedrückt, es wurde von der Rechtsanwenderin und Vorsitzenden des Senats des zuständigen Oberlandesgerichtes – in der Doppelfunktion auch als Vorsitzende des Disziplinarrates bei der Kammer für Architekten – „einfach umgedreht". U.a. wurde auch festgestellt, dass mein nunmehriger Rechtsanwalt, der die gegenständliche Klage bei Gericht gegen die beiden Rechtsanwälte eingebracht hatte, dieselbe Möglichkeit wie die beklagte Partei hätte, die aktuellen Grundbuchauszüge im gegenständlichen Verfahren zu beschaffen. Stellte sich aufgrund dieser Begründung des Berufungssenates nicht die Frage, ob es sich dabei um eine Art von „Ping-Pong-Spiel" handeln würde?

Durch die Berufungsentscheidung beim Oberlandesgericht wurde mir erst bekannt, dass die Rechtanwenderin und Senatspräsidentin des Oberlandesgerichtes (laut Auskunft des Staatsanwaltes, der die Disziplinaranzeige gegen den Architekten prüfte) gleichzeitig auch Vorsitzende des Disziplinarausschusses in der Architektenkammer und weiters Senatsvorsitzende in der Berufungskommission im gegenständlichen Verfahren „Klage gegen den Anwalt, der mich in der Klage des Architekten vertrat" war. Da in der Berufungsentscheidung die ordentliche Revision gemäß § 502 (1) zugelassen worden war, legte mein Anwalt das Schreiben vom 26.4.2006 (die Begründung für die Existenz dieses Schreiben ist im Kapitel III.8 weiter unten angeführt) an die Senatsvorsitzende bei der Architektenkammer dem Antrag auf ordentliche Revision beim Obersten Gerichtshof bei.

Der Oberste Gerichtshof entschied auf Neuerungsverbot bezüglich der Vorlage dieses Schreibens vom 26.4.2006. Hätte der Oberste Gerichtshof dieses Schreiben vom 26.4.2006 beachtet, hätte er leicht feststellen können, dass die Aussage der Rechtsanwenderin/Senatsvorsitzenden als Zeugin beim Obersten Gerichtshof im gegenständlichen Verfahren, <u>sie kenne den Architekten nicht, nicht zutreffend war</u>!!

Die übliche Argumentation der Rechtsanwender des Obersten Gerichtshofes, dass gemäß § 468 ZPO in der ersten Instanz alle Beweise vorgelegt und alle Vorbringen erstattet werden müssen, war hier deshalb nicht nachvollziebar, weil das Schreiben vom 26.4.2006 ja nur wegen der Rechtsanwenderin/Senatspräsidentin dem Obersten Gerichtshof vorgelegt wurde und es überhaupt nicht möglich war, dies in der ersten Instanz zu tun, da weder ich noch mein Anwalt wissen konnten, dass <u>diese</u> Rechtsanwenderin/Senatspräsidentin mit der Berufung in der zweiten Instanz in der gegenständlichen „Klage gegen den Anwalt, der mich in der Klage des Architekten vertrat" beauftragt sein würde.

Wäre diese Rechtsanwenderin/Senatspräsidentin nicht mit der Berufung im gegenständlichen Verfahren beauftragt worden, hätte die Vorlage des Schreibens vom 26.4.2006 natürlich überhaupt keinen Sinn ergeben und wäre auch nicht erfolgt.

Der Oberste Gerichtshof gab sodann im Verfahren mit den beiden Rechtsanwälten in dritter Instanz auch dem Ablehnungsantrag gemäß § 19 JN bezüglich dieser Senatspräsidentin sowie der Nichtigkeitsbeschwerde nicht statt und meinte: *„Die darauf beruhende Beurteilung des Berufungsgerichtes* (unter Führung dieser Senatspräsidentin) *ist nicht zu beanstanden."*

Und stellte auf Seite 2 des Urteils vom 12.10.2011 weiter fest:

„... dass die beklagten Parteien – als ehemalige Rechtsvertreter des Klägers – keine nebenvertragliche Pflicht traf, dem Kläger die Anfechtung eines von seinem Prozessgegner (Anm.: dem Architekten) *mit seiner Gattin geschlossenen Übergabevertrages anzuraten. ..."!!*

Der die Klage einbringende Rechtsanwalt hatte zwar Recht damit, dass die betreffende Gesetzeslage bezüglich des Exekutionsgesetzes hinsichtlich der Klage gegen diese beiden Rechtsanwälte eindeutig war. Aber diese Gesetzesparagraphen aus der EO (Exekutionsordnung) kamen in dem Beschluss vom 12.10.2011 des Obersten Gerichtshofes gar nicht zum Tragen, weil die beiden beklagten Rechtsanwälte gemäß den Feststellungen des Obersten Gerichthofes nur einer so genannten „nebenvertragliche Pflicht" (nämlich der Beschaffung von aktuellen Grundbuchauszügen bezüglich des Reihenhauses dieses Architekten nach Abschluss des Passivverfahrens gegen den Architekten für Rechtsanwälte nicht gefolgt waren und dies nach dem Obersten Gerichtshof auch nicht mussten!! Daher mussten die beiden Anwälte auch keine Klage gegen den Architekten wegen des Übergabevertrages bzw. wegen der Vermeidung der Verjährung einbringen.

Aufgrund dieser Entscheidung des Obersten Gerichtshofes waren daher die beklagten beiden Anwälte nicht haftbar und dem (später verstorbenen) Architekten bzw. seiner Erbin war es möglich, weitere Kredite zu Lasten des einzigen Grundvermögens aufzunehmen, damit das Verfahren beim Landesgericht weiter zu finanzieren (Honorarvorschüsse für den Anwalt des Architekten sowie für den Sachverständigen) und dadurch das Vermögen des Architekten zu schmälern, das mir aufgrund des zu erwartenden Prozessgewinnes beim Landesgericht zustehen würde.

Der Oberste Gerichtshof mutete mir mit dieser Entscheidung das Wissen zu, dass ich die Exekutionsordnung besser kennen würde als die beiden Rechtsanwälte. In dieser EO ist nämlich eine Zwei-Jahres-Frist festgelegt, die für die Beweislast entscheidend ist. Innerhalb jener muss nämlich der sodann zu Exekutierende beweisen, dass er, wie in diesem Fall, das Reihenhaus unbedingt als Wohnstätte (für die Erbin nach dem Tod des Architekten) benötigt, nach dieser Zwei-Jahres-Frist hätte ich als Gläubiger beweisen müssen, dass die zu exekutierende Erbin des Architekten das Reihenhaus nicht als Wohnhaus benötigen würde.

Nicht erkannt hatte der Oberste Gerichtshof auch, dass diese Senatspräsidentin im Verfahren mit den zwei Rechtsanwälten nicht so ausgesagt hatte, wie dies dem Akt der Staatsanwaltschaft zu entnehmen war. Das konnten die Rechtsanwender beim Obersten Gerichtshof zwar zu diesem Zeitpunkt nicht wissen, da das Schreiben der Staatsanwaltschaft (vom 15.5.2012 stammenden Akt) mir erst selbst nach der Entscheidung durch den Obersten Gerichtshof am 12.10.2011 vorlag. Aber eine Vorlage des Aktes der Staatsanwaltschaft gleichzeitig mit dem Antrag auf Revision wäre ja offensichtlich genauso nutzlos gewesen und es wäre auf Neuerungsverbot entschieden worden wie bei der Vorlage des Schreibens vom 26.4.2006 an die

Rechtsanwenderin/Senatspräsidentin, die auch bei der Architektenkammer in einer Doppelfunktion tätig war.

Dass diese Rechtsanwenderin/Senatsvorsitzende gemäß der Entscheidung vom 12.10.2011 auch ausgesagt hatte, dass sie ihre Doppelfunktion beim Oberlandesgericht und bei der Architektenkammer schon seit Jahren ausübe, störte die Rechtsanwender des Obersten Gerichtshofes nicht.

Der Oberste Gerichtshof war mit der Entscheidung auf Neuerungsverbot fein raus. Möglicherweise haben die Rechtsanwender des Obersten Gerichtshofes das Schreiben vom 26.4.2006 aber doch gelesen. Sie hätten möglicherweise also schon erkennen können, dass die Zeugenaussage der Rechtsanwenderin/Senatspräsidentin bezüglich des Architekten „nicht zutreffend" war. Trotzdem gaben sie dem Ablehnungsantrag gemäß § 19 JN gegen die Rechtsanwenderin/Senatsvorsitzende und dem Antrag auf Nichtigkeit des Verfahrens durch meinen Anwalt nicht statt. Damit hatten diese Rechtsanwender des Obersten Gerichtshofes diesen Akt endgültig vom Tisch und ich „durfte" zahlen.

In meinem Schreiben vom 19.6.2012 widerlegte ich die Aussage des Präsidenten des Oberlandesgerichtes, die Senatspräsidentin habe den Architekten nicht gekannt, mit der inzwischen erfolgten Vorlage des Schreibens der zuständigen Staatsanwaltschaft vom 15.5.2012 und zeigte den Präsidenten dieses Oberlandesgerichtes in der Folge wegen Verletzung der Dienstaufsicht im Sinne des § 63 bzw. § 63a Richter- und Staatsanwaltsdienstgesetz am 19.8.2013 beim Bundesministerium für Justiz an.

Der Präsident des Oberlandesgerichtes bzw. der von diesem beauftragte Richter sah sich erst am 15. Juli 2013 veranlasst, mein Schreiben vom 19.6.2012 wie folgt zu beantworten:

*„ ... Ich weise Sie nur nochmals darauf hin, dass es
dem Präsidenten des Oberlandesgerichtes als Dienstaufsicht ..."*

Das wäre nicht notwendig gewesen; seine gesetzliche
Pflicht war ja nicht, mich darauf hinzuweisen, dass er für
diese Dienstaufsicht zuständig sei, sondern dieser gegenüber dieser Senatspräsidentin auch tatsächlich nachzukommen.

Die Vorlage des Schreibens der Staatsanwaltschaft
vom 15.5.2012 beim Obersten Gerichtshof ersparte ich
mir, da dieser nach eigenen Angaben für die Dienstaufsicht bei Oberlandesgerichten nicht zuständig sei.

Wundert dieser Vertrauensverlust in der Bevölkerung
wirklich noch jemanden, wenn sich ein Präsident eines
Oberlandesgerichtes bemüßigt fühlt, nach mehr als einem Jahr auf einen Hinweis, dass sich eine Senatspräsidentin in „seinem" Oberlandesgericht nicht an Gesetze
hält, so zu reagieren und sich (schon routinemäßig?) auf
die „verfassungs- und gesetzmäßige Trennung von Justiz
und Verwaltung" beruft, um nicht weiter als „Obrigkeit"
„belästigt" zu werden?

Oder, fragt man sich als Bürger, ist ein Präsident eines
Oberlandesgerichtes deshalb nicht willens bzw. in der
Lage, in seinem Gericht für Ordnung und gesetzmäßiges
Vorgehen durch die zugeordneten Rechtsanwender zu
sorgen, weil er sich möglicherweise aus politischen Grün-
den nicht durchsetzen kann oder will?

Oder ist es diesem Präsidenten einfach egal, da er ja
zuversichtlich sein kann, keine für ihn diesbezüglich negativen Konsequenzen befürchten zu müssen, ja?

Es herrscht eben wieder einmal die „geschlossene Gesellschaft" und der rechtsuchende Bürger sitzt auf dem
kürzeren Ast. Das ist der „Rechtsstaat" Österreich.

III.8 Klage gegen den Architekten

Dieses betragsmäßig bei weitem größte Verfahren im Rahmen der Bauprozesse wurde am 3.4.1998 durch Klage gegen den Architekten eröffnet. Es wurden einige Verhandlungen beim zuständigen Landesgericht durchgeführt und die gegenständliche Klage wurde – entsprechend der jeweiligen rechtskräftigen Beendigung der Gerichtsverfahren gegen den Tischler, den Zimmerer und den Spengler/Dachdecker auf Basis des Vertrages vom 29.6.1995 entsprechend ausgedehnt.

Dieser Vertrag vom 29.6.1995 war im gegenständlichen Verfahren im Beschluss vom 23.11.2011 im Verfahren xxxxx beim Oberlandesgericht angeführt und lautet in den entscheidenden Punkten:

1. *„Der Bauherr zahlt an den jeweiligen Professionisten (Baumeister, Zimmerer, Spengler, Dachdecker, Tischler) maximal den Auftragswert. ...*

2. *Dem Auftragswert an den jeweiligen Professionisten liegt der Bauumfang des letztgültigen Polierplanes bzw. etwaiger Detailpläne zugrunde und wird gemäß der ausgeschriebenen bzw. beauftragten Qualität durch den jeweiligen Professionisten ausgeführt. Abweichungen davon erfolgen nur durch die vorherige schriftliche Genehmigung des Bauherrn.*

Sollten bei der Ausschreibung bzw. Auftrag Positionen vergessen worden sein oder in einer sonst bei gegenständlichen Bauvorhaben nicht üblichen Qualität vorhanden sein, so sind diese komplett bzw. in geänderter Qualität auszuführen, ohne den Auftragswert zu erhöhen".

3 – 5. *„... ... .“* (hier unerheblich)

6. *Herr xxxx (Name des Architekten) verpflichtet sich unwiderruflich, den Bauherren aus Nichteinhaltung der*

Punkte 1-5 schad- und klaglos zu halten. Etwaige Kos-
ten, welche aus dieser Nichteinhaltung der Punkte 1-5
durch den Architekten entstehen, können dem Bauherrn
auch nicht aus Vorlage entstehen, sondern werden di-
rekt durch den Architekten beglichen".

Der Architekt unterschrieb diesen Vertrag vom
29.6.1995 mit der Bemerkung, dass er durch seine Haftpflichtversicherung gedeckt sei (was sich nachträglich als
unzutreffend und für mich als sehr kostspielig heraus-
stellen sollte).

Hätte ich auch nur im Entferntesten eine Ahnung davon gehabt, in welcher Art von Rechtsstaat ich lebe bzw.
hätte ich diesen Vertrag nicht in Händen gehabt, hätte ich
– trotz des voraussichtlichen Schadens für mich (Nicht-
einhalten der bereits abgeschlossenen Verträge mit den
Professionisten) – das Bauvorhaben eingestellt.

Unter dem Begriff „Auslegung (Recht)" ist Wikipedia
zu entnehmen: *„Unter Auslegung, Exegese oder Inter-*
pretation versteht man in der Rechtswissenschaft die
Ermittlung des Sinnes einer Rechtsnorm, eines Vertra-
ges oder sonstigen Willenserklärung." (siehe auch oben
zum Begriff Hermeneutik)

Im ABGB ist unter § 914 die Auslegung für Verträge
gesetzlich geregelt:

§ 914 ABGB: „Die Auslegung von Verträgen ist nicht
an dem buchstäblichen Sinne des Ausdruckes zu haften,
sondern die Absicht der Parteien zu erforschen und der
Vertrag so zu verstehen, wie es der Übung des redlichen
Verkehrs entspricht."

Die „Art der Auslegung" (durch die stellvertretende Senatsvorsitzende und Kollegin der in Doppelfunktion auch
bei der Architektenkammer tätigen Senatsvorsitzenden
der Abteilung bei dem Oberlandesgericht) des Vertrages
von 29.6.1995, den ich auszugsweise oben wörtlich zitiert

habe, war letztendlich auch ein wesentlicher Grund dafür, warum ich mich entschlossen habe, dieses Buch zu schreiben.

Am 24.4.2001 erstattete ich bei der zuständigen Architektenkammer eine Disziplinaranzeige gegen diesen Architekten. Meine Angaben in dieser Disziplinaranzeige wurden von einem Staatsanwalt im Auftrag der Architektenkammer überprüft. Von diesem erfuhr ich in der Folge, dass die leitende Rechtsanwenderin der Abteilung xx (Senatsvorsitzende der Abteilung xx) beim Oberlandesgericht xxx <u>gleichzeitig auch Vorsitzende des Disziplinarrates bei der Architektenkammer sei</u>. Dieser Staatsanwalt meinte im Rahmen eines Telefongesprächs, ich solle die Senatsvorsitzende telefonisch kontaktieren.

Interessanterweise musste ich damals aufgrund meiner Nachforschungen mit Hilfe des Internets feststellen, dass online zu diesem Zeitpunkt keine Informationen seitens der Architektenkammer auffindbar und für einen Außenstehenden zugänglich waren.

<u>Aus welchem Grund sollte für die Öffentlichkeit die Doppelfunktion als Rechtsanwenderin und Senatspräsidentin</u>, in deren Bereich auch die Zuständigkeit für Verfahren mit Architekten einerseits und andererseits der Vorsitz für die Disziplinarkommission bei der Architektenkammer fiel, <u>nicht transparent sein</u>? Trotz zeitaufwändiger Suche meinerseits war auch in keiner mir bekannt gewordenen und zugänglichen sonstigen Publikation die Doppelfunktion dieser Senatspräsidentin/ Rechtsanwenderin des Oberlandesgerichtes in dieser Architektenkammer erkennbar!

Das nannte oder nennt man also „Transparenz" in einer Kammer für Architekten und Ziviltechniker im Rechtsstaat Österreich! Ich frage, spricht das nicht dafür, dass diese Kammer etwas zu verbergen hatte, nein?

Hätte ich diese Disziplinaranzeige vom 24.4.2001 gegen diesen Architekten bei dieser Kammer nicht eingebracht, hätte ich also nicht erfahren können, was sich durch diese Rechtsanwenderin/Senatspräsidentin des Oberlandesgerichtes hinter meinem Rücken im Rahmen des Gerichtsverfahrens gegen diesen Architekten „möglicherweise" abgespielt hat!!

Am 9.12.1995 wurde im gegenständlichen Verfahren ein Urteil dem Grunde nach (noch nicht der Höhe nach) gefällt, welches ich in erster Instanz erwartungsgemäß zu 100% gewonnen habe.

Vom Oberlandesgericht wurde daraufhin dem Rechtsanwender der ersten Instanz in diesem Zusammenhang der Auftrag erteilt, das Verfahren fortzuführen, im Sinne des Oberlandesgerichtes auch zu ergänzen und sinngemäß formuliert angemerkt: Die Vereinbarung vom 29.6.1995 sei gefährlich.

In dieser Entscheidung des Oberlandesgerichtes vom 9.12.1995 war die vom Staatsanwalt genannte Rechtsanwenderin mit der Doppelfunktion noch nicht der dem Senat vorsitzende Rechtsanwender der Abteilung xx, sondern nur Stellvertreter (des inzwischen verstorbenen) damaligen, diesem Senat vorsitzenden Rechtsanwenders.

In der Folge wandte ich mich auch an die Aufsichtsbehörde für die Architektenkammern, die damals einem Dr. xxxx, Ministerialrat, Sektion x beim Bundesministerium für Arbeit und Wirtschaft unterstand. Auch dieser empfahl mir, mich an diese Rechtsanwenderin mit der Doppelfunktion beim Oberlandesgericht bzw. Architektenkammer zu wenden. Dieser Ministerialrat tat anfangs mir gegenüber am Telefon empört über die Doppelfunktion dieser Rechtsanwenderin /Senatsvorsitzenden, meinte dann aber später in einem Schreiben, ich könne mich ja diesbezüglich an die Gerichte wenden!

Daraufhin sandte ich am 26.4.2006 einen einge-
schrieben aufgegebenen Brief zuhanden der Rechtsan-
wenderin/Senatspräsidentin bei der Architektenkammer, nannte den Namen des Staatsanwaltes, der meine
Disziplinaranzeige bezüglich des Architekten überprüft
und mir auch den Namen der Senatspräsidentin beim
Oberlandesgericht genannt hatte. Eine Antwort auf diesen Brief erhielt ich nicht.

Der Rechtsanwender in diesem Verfahren ordnete
zwar – nach erfolgtem Fortsetzungsantrag für das Verfahren – einige Verhandlungen an, jedoch schickten ein-
ander dieser Rechtsanwender und der von ihm bestellte
Sachverständige in den kommenden Jahren wiederholt
und auffällig oft gegenseitig den Gerichtsakt zu. Vom
Erstellen eines Gutachtens durch den Sachverständigen
war jahrelang nicht die Rede. Es passierte einfach nichts.
Erkundigte man sich beim Gericht nach dem Gerichtsakt,
erfuhr man nur, dieser sei beim Sachverständigen oder
auf dem Weg zu diesem. Diesbezügliche Beschwerden
beim Oberlandesgericht brachten keinen Erfolg.

Nach etwa 12 Jahren und ohne ein Gesamturteil in erster Instanz (auch der Höhe nach) zu fällen, ging dann der
erste Rechtsanwender in diesem Verfahren in Pension!

Der in Pension gegangene Rechtsanwender hatte noch
in seiner letzten Verhandlung in dem Verfahren gemeint:
„Das Problem liegt da oben." (gemeint war offensichtlich
das Oberlandesgericht). Ob er zu diesem Zeitpunkt Informationen über die Doppelbeschäftigung dieser Senat-
spräsidentin/Rechtsanwenderin der Abteilung xx beim
Oberlandesgericht hatte, ist mir nicht bekannt.

Wie ich sodann nach dem Ausscheiden dieses ersten
Rechtsanwenders erfahren habe, war dieser mit den Vorgaben des Oberlandesgerichtes laut Urteil vom 9.12.2005
möglicherweise aus rechtlichen Gründen nicht einverstanden, konnte jedoch als untergeordnetes Gericht dagegen

nichts unternehmen und versuchte eben durch jahrelange Prozessverzögerungen – mit Hilfe dieses Sachverständigen – bis zu seiner Pensionierung „über die Runden" zu kommen.

Das Verfahren wurde nach dem Ausscheiden des ersten Rechtsanwenders von einem zweiten Rechtsanwender fortgeführt.

Das Gutachten des Sachverständigen zeigte in einem noch größeren Umfang die Unbrauchbarkeit der Arbeit des Architekten auf, als dies im Gutachten im Verfahren „Klage des Architekten" der Fall war. Dass das Gutachten unbrauchbar war, war natürlich nicht die Schuld des Sachverständigen, sondern die des ersten Rechtsanwenders, welcher es 12 Jahre lang nicht geschafft hatte, dem Sachverständigen einen Auftrag bezogen auf mein tatsächliches Klagebegehren zu erteilen.

Bemerkenswert war dabei, dass das Honorar, das dieser Sachverständige für seine zwangsläufig wertlose Arbeit erhielt, die Anschaffungskosten eines Autos der unteren Luxusklasse übersteig. Und dieses Honorar genehmigte möglicherweise das Gericht dem Sachverständigen deshalb, weil er das „Spiel" mit den Prozessverzögerungen des ersten Rechtsanwenders mitgespielt hatte.

Nach etwa 13 Jahren Prozessdauer wurde vom neuen Rechtsanwender das Endurteil in erster Instanz gefällt. Dabei beachtete dieser zweite Rechtsanwender in diesem Verfahren wesentliche Punkte der Vereinbarung vom 29.6.1995 mit dem Architekten, was die Schad- und Klagloshaltung betraf, überhaupt nicht. Er ignorierte einfach meinen Vertrag Punkt 6 der Vereinbarung vom 29.6.1995 über die vertraglich mit dem Architekten vereinbarte Schad- und Klagloshaltung im Sinne der Erfüllungsübernahmen gemäß § 1404 ABGB.

Ebenfalls unrichtig wurden die Kosten für das wertlose Gutachten des Sachverständigen zur Zahlung vorgeschrieben. Darüber hinaus war es erforderlich, die zu bezahlenden Honorarforderungen an den Sachverständigen zwei Mal <u>in wesentlichem Umfang</u> betragsmäßig richtigzustellen, was auf mangelndes Interesse und mangelnde Aktenkenntnisse bei den dafür zuständigen Personen, inklusive dem zweiten Rechtsanwender, schließen lässt.

Der zweite Rechtsanwender, welcher nach 13 Jahren im Verfahren gegen den Architekten das Urteil der ersten Instanz fällte, war noch sehr jung, kam – wenn ich richtig informiert wurde – unmittelbar von einem Bezirksgericht zu einem Landesgericht und war (ich will es positiv formulieren) im juristischen Sinne möglicherweise überfordert, da es offensichtlich sein erstes Verfahren mit dieser Komplexität und in dieser Größenordnung war. Ob die Vermutung richtig war bzw. ist, dass er mit diesem Urteil im Interesse oder sogar in Absprache mit der zweiten Instanz (Oberlandesgericht) gehandelt hat, wird immer eine offene Frage bleiben, da ich das nicht behaupten und auch nicht beweisen kann. Aber ich habe auch keine plausible Erklärung für <u>dieses</u> Urteil.

III.9 Klage gegen den Anwalt aufgrund der Feststellung der Senatspräsidentin

Mein nunmehriger neuer Rechtsanwalt, der die gegenständliche Klage bei Gericht gegen die beiden Rechtsanwälte eingebracht hatte, hätte nach der Feststellung der Rechtsanwenderin/ Senatspräsidentin in diesem Verfahren dasselbe Versäumnis begangen, das er der beklagten Partei bzw. seinen beiden Anwaltskollegen im Verfahren gegen diese beiden vorgeworfen hatte.

Auch aus Sorge, das nach all den Jahren mir zugesprochene Geld im Verfahren gegen den Architekten nicht zu erhalten (wie ich damals ja noch erwarten konnte), konfrontierte ich meinen Anwalt mit der Feststellung dieser Senatspräsidentin bezüglich des Grundbuchauszuges des Architekten bzw. der Anfechtung des Übergabevertrages seitens des Architekten an seine Gattin.

Der Anwalt, der die Klage gegen die beiden Anwälte eingebracht hat (siehe oben), behauptete, dass er als Anwalt keine legale Möglichkeit gehabt habe, über das gesamte Grundvermögen einer Person in Österreich Grundbuchauszüge ohne Eingabe bzw. Bekanntgabe einer bestimmten Einlagezahl zu beschaffen. Ich widerlegte diese unzutreffende Behauptung mit Hilfe des Grundbuchsbeamten bei einem Grundbuchsgericht einerseits und andererseits mit Hilfe eines für das Grundbuchsrecht zuständigen, höheren Beamten und Spezialisten für Grundbuchsrecht beim Bundesministerium für Justiz.

Die vorgelegten Beweise meinerseits wollte dieser Rechtsanwalt nicht akzeptieren, gestand „quasi durch die Blume gesprochen, aber nicht vor Zeugen" (also nicht offiziell) seinen Fehler ein. Er meinte, wegen seiner Haftpflichtversicherung diesen Fehler nicht zugeben zu dürfen, da er sonst die Versicherungsdeckung verlieren würde!

Da dieser Anwalt auch noch andere Fehlleistungen zu vertreten hatte, aber auch diese nicht bereit war, auf faire Art außergerichtlich zu regeln, zerstörte dies das Vertrauen zwischen ihm und mir und brachte so eine weitere Enttäuschung für mich.

Da der Anwalt den möglichen bzw. tatsächlichen Schaden auch nicht aus seiner privaten Kasse zahlen wollte, sah ich keinen anderen Ausweg, als ihn zu verklagen. Was ich nunmehr durch meinen letzten Anwalt in diesem viele Jahre dauernden Kampf um Fairness und Schadenersatz auch in die Tat umsetzte. Der mit dem Verfahren beauftragte Rechtsanwender unterbrach dann das Verfahren und ging schließlich, ohne es persönlich je fortzusetzen, in Pension.

Aufgrund der inzwischen ergangenen Entscheidungen des Obersten Gerichtshofes im Verfahren „Klage gegen den Anwalt, der mich in der Klage des Architekten vertrat" sah ich mich veranlasst, das vom in Pension gegangenen Rechtsvertreter unterbrochene Verfahren gegen diesen Rechtsanwalt, welcher leider in meinem Auftrag (aufgrund für mich irreführender Informationen) Klage gegen diese beiden Anwälte eingebracht hatte, einzustellen. Aufgrund meiner nunmehrigen Erfahrungen, auch mit dem Obersten Gerichtshof, erwartete ich kein faires Gerichtsverfahren mehr.

Der Oberste Gerichtshof hätte ja wiederum entscheiden können, dass auch dieser Anwalt, der mir geraten hatte, die beiden Anwälte zu klagen, seinen „Nebenpflichten" (mit einer anderen oder ähnlichen Variante der Gesetzesauslegung wie im Verfahren „Klage gegen den Anwalt, der mich in der Klage des Architekten vertrat") nicht nachkommen hätte müssen.

Mit anderen Worten, ich wollte mit diesem „Rechtsstaat" (bzw. dieser Justiz) nichts mehr zu tun haben.

IV. Michael Kohlhaas und seine Probleme mit der Justiz im 16. Jahrhundert

IV.1 Ein Rachefeldzug, wie ihn Michael Kohlhaas führte

Ein Rachefeldzug in Kohlhaas'scher Manier war natürlich nicht in meinem Interesse und entspricht weder meiner humanistischen Einstellung noch meinem Verständnis der Stoa. Meine Art von „Rachefeldzug" und „Selbstjustiz" kann nach den vielen Jahren darin gesehen werden, dass ich nunmehr dieses Buch geschrieben und veröffentlicht habe. Ich hoffe, damit einen Beitrag zu leisten, dass andere Menschen nicht denselben Fehler machen wie ich und meinem Rat folgen, Gerichte zu meiden.

Warum mir dabei ein Spruch von Friedrich Nietzsche (*„Lieber sich bestehlen lassen, als Vogelscheuchen um sich zu haben – das ist mein Geschmack."*) einfiel, als ich mein letztes Zivilgerichtsverfahren einseitig und ohne Urteil einstellte, kann ich heute nicht mehr sagen.

Ich habe auf Basis eines Gesetzes, des RSTDG (= Richter- und Staatsanwaltsdienstgesetz), zwei Rechtsanwender wegen gesetzwidrigem Handeln bzw. mehrere Rechtsanwender wegen mangelhafter Dienstaufsicht beim Bundesministerium für Justiz angezeigt.

Nachdem ich von dem Rechtsanwender der Ombudsstelle darauf hingewiesen worden war bzw. mir nahe gelegt worden war, mich an den zuständigen Rechtsanwender beim Oberlandesgericht zu wenden, folgte ich diesem Rat: Ich schilderte diesem Rechtsanwender per e-mail und telefonisch meine Probleme, insbesondere im Verfahren gegen den Architekten. Ich erhielt auch einige e-mails, aber mehr als Vertröstungen und Worte des Bedauerns waren dies nicht. Nach Abschluss des Zivilgerichtsverfahrens mit dem Rechtsnachfolger des Architekten erhielt ich von diesem Rechtsanwender sinngemäß folgenden Rat: *„Sie sollten sich darüber beschweren"*.

Ob in meinem Fall hinsichtlich der zwei von mir angezeigten Rechtsanwender eine Anklage und Verurteilung erfolgt, ist seitens der vom Bundesministerium für Justiz an die zuständige Oberstaatsanwaltschaft übertragenen Akte weiter unten dargestellt.

In meinem Schreiben an das Justizministerium führte ich u.a. aus:

1. „Ich erstatte Anzeige gegen Frau Dr. xxxxx". Begründung: Frau Dr. xxxxx hat im Verfahren xxxxx beim Obersten Gerichtshof gemäß Beschluss vom 14. Juli 2011, Seite 4 mit der Behauptung „der besagte Architekt sei mir (also ihr) persönlich nicht bekannt" eine unzutreffende Aussage getätigt. (Man könnte auch sagen, diese Richterin hat bewusst gelogen.) Frau Dr. xxxxx hat mit dieser Behauptung versucht, ihre wahren Interessen gegenüber der Architektenkammer zu verbergen und damit den Obersten Gerichtshof zu einer unrichtigen Entscheidung hinsichtlich der Abweisung der Nichtigkeitsbeschwerde sowie der Abweisung des Antrages auf Ablehnung der Richterin zu veranlassen.

Beweis: Akt xxxxx der Staatsanwaltschaft

2. „Ich erstatte Anzeige gegen Frau Dr. yyyyy."

Begründung: Frau Dr. yyyyy hat als Kollegin von Frau Dr. xxxxx in der Abteilung xx des Oberlandesgerichtes von der nebenberuflichen Tätigkeit (und damit der Interessenslage) von Frau Dr. xxxxx für die Architektenkammer zum Zeitpunkt des Beschlusses vom 23. September 2011 im Verfahren gegen den Architekten bzw. seiner Erbin vor dem Oberlandesgericht gewusst. Frau Dr. yyyyy hat hinsichtlich der Rechtsfrage bezüglich der mit dem Architekten vereinbarten „Schad- und Klagloshaltung", Verfahren gegen den Architekten bzw. seine Erbin, Beschluss vom 23. September 2011, Seite 5, Punkt 6 gemäß Seite 45 unten unzutreffenderweise be hauptet: *„Die ordentlich Revision ist ... nicht zulässig, weil sich für das Berufungsgericht keine Rechtsfrage der dort genannten Qualität (?) stellte".*

<u>Beweis:</u> Akt xxxxx des Oberlandesgerichtes

Frau Dr. yyyyy ignoriert in ihren Feststellungen und in ihrer Entscheidung vor allem den Vertrag vom 29.6.1995 mit dem Architekten, Beilage -/x wie er auf Seiten 4 bis 6, Punkte 1.) bis 10.) im Beschluss vom 23.11.2011 im Verfahren gegen den Architekten bzw. seine Erbin beim Oberlandesgericht angeführt ist. Frau Dr. yyyyy ist offensichtlich als Richterin nicht geläufig, dass ein Vertrag rechtliche Bindungswirkung hat und von den Vertragspartnern einzuhalten ist.

Ebenso ignoriert Frau Dr. yyyyy die rechtliche Bedeutung des § 1404 ABGB (Erfüllungsübernahme) vor allem in Zusammenhang mit der Schad- und Klagloshaltung. Zur mit dem Architekten vereinbarten Schad- und Klagloshaltung und damit zum § 1404 ABGB liegt nach Auffassung von Frau Dr. yyyyy unzutreffenderweise eine einheitliche und ständige Rechtsprechung im Sinne des AHG seitens des Obersten Gerichtshofes zu einer gleichen oder ähnlichen Rechtsfrage vor.

Frau Dr. yyyyy hätte daher zumindest aus den oben angeführten Gründen die ordentliche Revision gem. § 502 Abs. 1 ZPO an den Obersten Gerichtshof zulassen müssen, dies jedoch pflicht- und rechtswidrig unterlassen, um damit das Interesse ihrer Richterkollegin Dr. xxxxx und damit auch der Architektenkammer und des beklagten Architekten bzw. dessen Erbnachfolgerin zu wahren.

Dieser § 502 (1) ZPO lautet (In Kraft getreten am 1.7.2009):

„Gegen das Urteil des Berufungsgerichtes ist die Revision nur zulässig, wenn die Entscheidung von der

Lösung einer Rechtsfrage des materiellen Rechtes oder des Verfahrensrechtes abhängt, der zur Wahrung der Rechtseinheit, Rechtssicherheit oder Rechtsentwicklung erhebliche Bedeutung zukommt, <u>etwa weil das Berufungsgericht von der Rechtsprechung des Obersten Gerichtshofes abweicht</u> oder eine Rechtsprechung fehlt oder uneinheitlich ist."

Der § 1404 ABGB lautet: *„Wer einem Schuldner verspricht, die Leistung an diesen Gläubiger zu bewirken (Erfüllungsübernahme), haftet dem Schuldner dafür, dass der Gläubiger ihn nicht in Anspruch nehme. Dem Gläubiger erwächst daraus unmittelbar kein Recht."*

Deshalb habe ich an den Tischler den rechtskräftig vom Gericht festgestellten (von mir an den Tischler vorfinanzierten) Betrag im Verfahren gegen den Architekten eingeklagt und hätte mir dieser jedenfalls zugesprochen werden müssen, wenn man den diesbezüglichen OGH-Entscheidungen folgt. Folgt die Unterinstanz (in meinem Fall das zuständige Oberlandesgericht) diesen OGH-Entscheidungen <u>nicht</u> (was der ständigen Rechtsprechung durch den Obersten Gerichtshof gleichkommt, siehe oben), muss eine ordentliche Revision gemäß § 502 (1) vom Untergericht dem Gesetz folgend zugelassen werden.

Es ist mit an Sicherheit grenzende Wahrscheinlichkeit anzunehmen, dass dies der Rechtsanwenderin, Frau Dr. yyyyy, auch bekannt war, sie als zuständige Rechtsanwenderin eine ordentliche Revision an den Obersten Gerichtshof aber trotzdem nicht zuließ.

Es existieren genügend Entscheidungen des Obersten Gerichtshofes, in welchen eine vertraglich vereinbarte Schad- und Klagloshaltung bzw. eine Erfüllungsübernahme gemäß § 1404 ABGB natürlich rechtlich anders beurteilt wurde als von Frau Dr. yyyyy in zweiter Instanz beim Oberlandesgericht.

Interessant ist, dass die Verfahren 1Ob605/95 (siehe Rechtliche Beurteilungen Punkt b) und IO126/97w vom Obersten Gerichtshof so entschieden wurden wie das Verfahren 4Ob530/88.

All diese Entscheidungen basieren auf einer Schad- und Klagloshaltung und dem § 1404 ABGB.

Ich führe nur drei dieser Entscheidungen als Beispiele an:

4Ob530/88 vom 26.04.1988; siehe letzter Absatz bei Rechtlicher Beurteilung

1Ob605/95 vom 24.2.1994, siehe Punkt b) bei Rechtlicher Beurteilung

1Ob364/97g vom 25.4.2000, siehe Punkt a) bei Rechtlicher Beurteilung

Diese Entscheidungen hätte der Rechtsanwender beim Berufungsgericht pflicht- und gesetzesgemäß bei der Berufungsentscheidung berücksichtigen müssen, hat diese aber ignoriert. Natürlich erwartet man als Rechtsuchender auch, dass geschlossene Verträge (wie jener vom 29.6.1995 über die Schad- und Klagloshaltung) in einem Rechtsstaat eingehalten werden müssen.

Die angeführten OGH-Entscheidungen können mittels RIS online gelesen und auch ausgedruckt werden (Eingabe bei RIS z. B. – Gericht: OGH – Geschäftszahl: 4Ob530/88) oder stehen einfach durch Angabe der Geschäftszahl im Internet (z B. über Google) zur Verfügung.

Bei Eingabe in RIS z. B. 4Ob530/88 erhält man sieben Entscheidungen, zuletzt 6Ob29/02m mit dem gemeinsamen Rechtssatz RS0017119. Die angeführten Gesetzesparagraphen sind § 881 und § 1404.

Der angeführte Rechtsatz RS0017119 lautet wie folgt:

„Der Erfüllungsübernehmer (in meinem Fall der Architekt) *ist wegen des Eigeninteresses der Hauptschuldner ein „unechter Vertrag zugunsten Dritter", für den § 1404 Satz 2 ABGB ausdrücklich anordnet, dass dem Gläubiger (in meinem Fall z. B. der Tischler) daraus unmittelbar kein Recht erwächst. Es ist daher gar nicht zu prüfen, ob ausnahmsweise nach dem besonderen Vertragszweck doch der Gläubiger unmittelbar das Recht erwachsen soll, die Befriedigung vom Erfüllungsübernehmer zu fordern.*

Beteiligte im Verfahren 4Ob530/88:

Kläger: Bank

Beklagter: Pensionist (Schuldner an Bank)

Verkäufer (Firma xxxx) des streitgegenständlichen Grundstückes an Pensionist, dieser vereinbart Schad- und Klagloshaltung mit Verkäufer

Beteiligte in meinen Verfahren:

Kläger: Tischler (z. B.)

Beklagter: Architekt bzw. seine Erbin – Schad- und Klagloshaltung (lt. Vereinbarung mit Bauherrn)

Bauherr und Schuldner gegenüber dem Kläger (Tischler) aus dem zum Teil verlorenen Verfahren

Rechtliche Beurteilung im Verfahren 4Ob530/88:

„.... Der Beklagte hat sich im Kaufvertrag mit der Firma xxxx verpflichtet, als Kaufpreis die auf dem Kaufobjekt pfandrechtlich sichergestellten Forderungen der klagenden Partei (Bank) im Gesamtbetrag von .... in seine eigene Zahlungspflicht zu übernehmen und die Verkäuferin diesbezüglich schad- und klaglos zu halten. Der Beklagte (Pensionist) hat damit im Sinne des § 1404 ABGB einem Schuldner (Firma xxxx) versprochen, die

Leistung an dessen Gläubiger (Bank) zu bewirken (Erfüllungsübernahme). Er haftet daher im Sinne der abgegeben Erklärung („Schad- und Klagloshaltung") der Firma xxxx als Schuldnerin dafür, dass sie von der klagenden Partei als Gläubigerin (Bank) nicht in Anspruch genommen werde. Eine solche Erfüllungsübernahme in ein (interner) Vertrag zwischen Schuldner und einem Dritten, wonach sich letzterer ohne Rechtswirkungen für den Gläubiger dazu verpflichtet, dem Schuldner die wirtschaftliche Last abzunehmen, die die Schuld in dessen Vermögen bildet. ...

Dem Gläubiger erwächst daraus gemäß § 1404 Satz 2 ABGB unmittelbar kein Recht, der Zweck der Erfüllungsübernahme ist nur die Sicherung des Schuldners gegen Inanspruchnahme durch seinen Gläubiger."

Genau so hätte die Rechtsanwenderin, die stellvertretende Senatspräsidentin beim Oberlandesgericht, aufgrund meiner Berufung entscheiden müssen; wenn sie dem Gesetz entsprechend hätte entscheiden wollen.

In meinem Fall wäre bei dem Bespiel in dem Verfahren mit dem Tischler

der Pensionist bzw. der sogenannte Dritte in meinem Beispiel der Architekt bzw. seine Erbin, der mit der Firma xxxx bzw. in meinem Falle mit mir als Bauherrn einen Vertrag über Schad- und Klagloshaltung abgeschlossen hat.

Die Bank als klagende Partei, in meinem Fall der Tischler als Gläubiger aus dem zum Teil verlorenen Verfahren mit mir, hätte vom Architekten aufgrund des mit dem Bauherrn abgeschlossenen Vertrages über Schad- und Klagloshaltung die wirtschaftliche Last abnehmen und die Zahlung aufgrund des zum Teil verlorenen Verfahrens mit dem Tischler direkt an den Tischler leisten müssen.

Die Firma xxxx als Schuldnerin an die Bank bzw. in meinem Fall der Bauherr (also der Autor dieses Buches) als Schuldner gegenüber dem Tischler hatte mit dem Pensionist, in meinem Fall mit dem Architekt einen Vertrag über Schad- und Klagloshaltung abgeschlossen. Aufgrund dieses Vertrages hätte der Architekt dem Tischler den rechtskräftig festgestellten Betrag aus dem vom Bauherrn (also von mir) zum Teil verlorenen Verfahren mit dem Tischler direkt überweisen müssen, um dem Bauherrn die wirtschaftliche Last aus dem zum Teil verlorenen Verfahren mit dem Tischler abzunehmen.

Aufgrund der Berufungsentscheidung der Rechtsanwenderin/Senatsstellvertreterin des Oberlandesgerichts, die ordentliche Revision gemäß § 502 Abs. 1 nicht zuzulassen, gab es zwei Möglichkeiten:

1. Möglichkeit: Erhebung der Revision nach § 505 Abs. 4 ZPO, in Kraft getreten am 1.9.2009.

(Abs. 1-3) hier nicht relevant

§ 505 Abs.4: „Hat das Berufungsgericht im Berufungsurteil nach § 500 Abs. 2 Z 3 ausgesprochen, dass die ordentliche Revision nicht nach § 502 Abs.1 ZPO zulässig ist, so kann nur in Streitigkeiten nach § 502 Abs. 5 und in solche, in denen der Entscheidungsgegenstand insgesamt Euro 30.000,-- übersteigt, demnach eine Revision erhoben werden (außerordentliche Revision). ..."

2. Möglichkeit: Antrag an das Berufungsgericht auf Änderung der Berufungsentscheidung nach § 508 Abs. 1 ZPO von Ablehnung der ordentlichen Revision auf Zulassung der ordentliche Revision (in Kraft getreten am 1.7.2009, siehe RIS)

§ 508 Abs. 1: „Wird in Streitigkeiten, in denen der Entscheidungsgegenstand zwar 5.000,-- Euro, nicht aber insgesamt Euro 30.000,-- übersteigt (§ 502 Abs. 3) oder in familienrechtlichen Streitigkeiten nach § 49

Abs. 2 Z 1 und 2 JN, in denen der Entscheidungsgegenstand insgesamt Euro 30.000,-- nicht übersteigt (§ 502 Z 4) im Berufungsurteil nach § 500 Abs. 2 Z 3 ausgesprochen, dass die ordentliche Revision nach § 502 Abs. 1 nicht zulässig ist, so kann eine Partei einen Antrag an das Berufungsgericht stellen, seinen Ausspruch dahingehend abzuändern, dass die ordentliche Revision für zulässig erklärt werde. In diesem Antrag sind die Gründe dazu anzuführen, warum, entgegen dem Ausspruch des Berufungsgerichtes – nach § 502 Abs. 1 – die ordentliche Revision für zulässig erachtet wird. Mit demselben Schriftsatz ist die ordentliche Revision auszuführen."

§ 508 (2) – hier nicht relevant

§ 508 (3): *„Erachtet das Berufungsgericht den Antrag nach Abs. 1 für stichhaltig, so hat es seinen Ausspruch abzuändern, dass die ordentliche Revision doch nach § 502 Abs. 1 zulässig ist; dieser Beschluss ist kurz zu begründen (§ 500 Abs. 3 letzter Satz)."*

§ 508 (4): *„Erachtet das Berufungsgericht den Antrag für nicht stichhaltig, so hat es dieses samt der ordentlichen Revision mit Beschluss zurückzuweisen; diese Entscheidung bedarf keiner Begründung. Gegen diesen Beschluss ist ein Rechtsmittel nicht zulässig."*

§ 508 (5) – hier nicht relevant

§ 508 (6) – hier nicht relevant

Der § 464 ZPO (in Kraft getreten am 1.1.1998), § 500 ZPO (in Kraft getreten am 19.1.2013), § 507 ZPO (in Kraft getreten am 1.1.1998) sind hier nicht relevant. Die §§ 49, 54, 55, 56, 57, 58 JN sind hier ebenfalls nicht relevant.

Aufgrund der Entscheidung der Rechtsanwenderin/ stellvertretenden Senatspräsidentin des Oberlandesgerichtes hatte ich also die Möglichkeit der außerordentlichen Revision nach § 505 Abs. 4 ZPO, an diese einen

Antrag gemäß § 508 Abs. 1 ZPO auf Änderung des ursprünglichen Berufungsurteile wegen Nichtzulassung der ordentlichen Revision gemäß § 502 Abs. 1 ZPO zu stellen.

Ein Rechtsanwalt meinte dazu: Man könnte hier sagen: *„Hier besteht die Wahl zwischen Pest und Cholera."*

Bei dem, was ich bis zu diesem Zeitpunkt erlebt habe, konnte ich mir den Antrag auf außerordentliche Revision gemäß § 505 Abs. 4 ZPO sparen. Vielmehr noch konnte ich mir den Antrag auf Änderung des Berufungsurteils der Rechtsanwenderin/stellvertretenden Senatspräsidentin des Oberlandesgerichtes schenken. Wenn diese Rechtsanwenderin gewollt hätte, gemäß dem Vertrag vom 29.6.1995, Punkt 6 (Schad- und Klagloshaltung) dem Gesetz nach (§ 1404 ABGB und dem § 502 Abs. 1 ZPO) zu urteilen, dann hätte sie das gleich gemacht.

3. *„Antrag: An Frau xxxxx, Justizministerin*

„Frau xxxxx, Sie sind verantwortlich für die Vorgänge in der Justiz und Verwaltung. Ich beantrage, dass Sie aufgrund neuer gesetzlich zu vereinbarender Bestimmungen sicherstellen mögen, dass die unter Punkt 1) und 2) dargestellten Fehler nicht mehr vorkommen können.

Insbesondere wäre sicherzustellen, dass Richterinnen und Richter keinen Nebenbeschäftigungen mehr nachgehen bzw. ausüben dürfen, welche in strenger Auslegung dieses neuen Gesetzes die „Unabhängigkeit" und die „Weisungsfreiheit" dieser Richterinnen bzw. Richter nicht gewährleisten. Dies verbunden mit einer schriftlichen Offenlegung (auch hinsichtlich Änderungen) durch die relevanten Richterinnen bzw. Richter über Auftraggeber, Art und zeitlichen Umfang der jeweiligen Nebenbeschäftigung sowie deren Vergütung, gerichtet an die jeweils zuständige Person bei den zuständigen Gerichten sowie beim Bundesministerium für Justiz.

*Bürgerinnen und Bürger dieses Landes haben na-
türlich kein Interesse, dass Richterinnen und Richter
während der Dienstzeit privat bezahlten Nebenbeschäftigungen nachgehen (dürfen), da sämtliche Gehälter aus
Steuereinnahmen (bzw. Ihrem Budget, Frau Ministerin)
finanziert werden – also auch die Gehälter dieser Richterinnen und Richter, die eine solche Nebenbeschäftigung während der Dienstzeit ausüben."*

Auf dieses Schreiben vom 11.7.2013 an das Bundesministerium für Justiz erhielt ich am 25.7.2013 folgende Antwort:

*„Zu Ihrer Anregung betreffend die Anzeige von Ne-
benbeschäftigungen von Richterinnen und Richtern
darf ich Sie auf die Bestimmungen §§ 63 und 63a RSTDG
verweisen, die bereits dahin gehende Klarstellungen beinhalten. Sie finden die entsprechende Gesetzestexte unter www.ris.bka.gv.at/Bundesrecht."*

Zum Thema Nebenbeschäftigung ist im Richter- und
Staatsanwaltsdienstgesetz festgelegt:

§ 63 (1) *„Nebenbeschäftigung ist jede Beschäftigung,
die der Richter außerhalb seines Dienstverhältnisses
und einer allfälligen Nebentätigkeit ausübt.*

*(2) Der Richter darf keine Nebenbeschäftigung aus-
üben, die der Würde seines Amtes widerstreiten oder die
ihn bei der Erfüllung seiner Dienstpflichten behindern
oder die Vermutung der Befangenheit in Ausübung des
Dienstes hervorrufen oder sonstige wesentliche dienst-
liche Interessen gefährden könnte. Im Zusammenhang
mit der Ausübung von Nebenbeschäftigungen – aus-
genommen wissenschaftliche Nebenbeschäftigungen
– hat der Richter jeden Hinweis auf sein Richteramt zu
unterlassen und dafür zu sorgen, dass ein solcher Hinweis von anderer Seite unterbleibt.*

*(3) Dem Richter ist die Ausübung von Nebenbeschäf-
tigungen untersagt, soweit das zeitliche Ausmaß oder*

die Zeit der Ausübung entweder eine Behinderung bei der Erfüllung der Dienstpflichten mit sich bringen könnte oder im Falle einer Herabsetzung der Auslastung, der Teilauslastung oder der Karenzierung zur Pflege eines behinderten Kindes oder eines pflegebedürftigen Angehörigen dem Grunde für die Herabsetzung, Teilauslastung oder Karenzierung widerstreitet.

(4) Dem Richter ist es untersagt, dem Vorstand, dem Aufsichtsrat, dem Verwaltungsrat oder einem sonstigen Organ einer auf Gewinn gerichteten juristischen Person anzugehören. Im Falle der Zugehörigkeit des Richters zu einem Organ einer anderen juristischen Person darf für diese Beschäftigung weder dem Richter selbst noch einer anderen Person ein Entgelt zufließen.

(5) Die Eintragung von Richtern des Dienststandes in die von den Präsidenten der Gerichtshöfe erster Instanz zu führenden Sachverständigenliste ist unzulässig. Richter des Dienststandes dürfen eine Bestellung als Schiedsrichter im Sinne des vierten Abschnittes des sechsten Teiles der Zivilprozessordnung RGBL. Nr. 113/1895 nicht annehmen."

Das BGBL NR 113/1895 betrifft die Verfahrenshilfe.

(6) „Die Aufnahme, die Art und das Ausmaß einer erwerbsmäßigen Nebenbeschäftigung sowie deren Beendigung sind unverzüglich der Dienstbehörde zu melden. Wesentliche Änderungen sind gleichfalls unverzüglich bekanntzugeben.

(7) Die Ausübung einer aus den Gründen des Abs. 2 unzulässigen Nebenbeschäftigung ist von der Dienstbehörde unverzüglich mit schriftlicher Weisung zu untersagen."

§ 63a (1) „Nebentätigkeit ist jede dem Richter ohne unmittelbaren Zusammenhang mit seinen dienstlichen Aufgaben in der Rechtsprechung und der Justizverwal-

*tung übertragene weitere Tätigkeit, für die das Richter-
amt gesetzliche Voraussetzung ist.*

*(2) Soweit eine Nebentätigkeit nicht durch die Dienst-
behörde des Richters übertragen wird, ist vor Übertra-
gung die Zustimmung der Dienstbehörde einzuholen.
Ohne diese Zustimmung ist die Ausübung einer solchen
Nebentätigkeit unzulässig. Ebenso ist die Zustimmung
der Dienstbehörde erforderlich, wenn die Nebentätigkeit während der Zeit einer Herabsetzung, einer Auslastung oder einer Teilauslastung ausgeübt werden soll.*

*(3) Die Zustimmung ist zu versagen, wenn von der
Dienstbehörde wahrzunehmende Interessen beeinträch-
tigt werden.*

*(4) Eine Vergütung nach § 25 Abs. 1 des Gehaltsgeset-
zes 1956 gebührt dem Richter nur insoweit, als die Nebentätigkeit für den Bund ausgeübt wird."*

Aus welchem Grunde beschäftigt die Architektenkammer die leitende Rechtsanwenderin eines Senates beim
Oberlandesgericht, in deren Zuständigkeitsbereich auch
Zivilgerichtsverfahren gegen Architekten in zweiter Instanz entschieden werden, siehe „Klage gegen den Architekten" als Vorsitzende der Disziplinarkommission in
dieser Architektenkammer?

Warum beschäftigte die Architektenkammer für diese Funktion als Vorsitzender der Disziplinarkommission
nicht eine nicht mehr aktive Richterin bzw. einen nicht
mehr aktiven Richter?

Warum bestritt diese leitende Rechtsanwenderin eines Senates eines Oberlandesgerichtes, dass sie meinen
Verfahrensgegner und Architekten als Mitglied der Architektenkammer kannte?

Und der damals auch in dieser Kammer zur gleichen
Zeit tätige Staatsanwalt (zwecks Überprüfung mei-

ner Disziplinaranzeige gegen diesen Architekten), welcher mich fairerweise über diese Doppelfunktion dieser Rechtsanwenderin informierte, bestritt die Richtigkeit der Aussage von dieser Rechtsanwenderin in der Formulierung der Staatsanwaltschaft aufgrund meiner Anzeige.

Wie aber auch aus meinen weiter unten an das Bundesministerium für Justiz übermittelten Schreiben hervorgeht, war es für die Rechtsanwenderin/Senatspräsidentin der Abteilung xx bei einem Oberlandesgericht schon seit Jahren üblich, eine Nebenbeschäftigung als Vorsitzende des Disziplinarrates bei der Architektenkammer auszuüben. Da Rechtsanwender nach meinem Wissen ja nicht an eine fixe Dienstzeit gebunden sind bzw. diese ja nicht ausschließlich im Büro ableisten müssen, erhebt sich die Frage, wie das diese Senatspräsidentin bei der Nebenbeschäftigung mit der Zeit gehalten hat.

Hat sie diese Nebenbeschäftigung in der Dienstzeit oder in der Freizeit ausgeübt?

Hat sie diese Nebenbeschäftigung bei der Architektenkammer unentgeltlich ausgeführt oder entgeltlich?

Hat sie doppelt kassiert, also vom Staat und von der Architektenkammer?

Hat sie die Tätigkeit bei der Architektenkammer ausgeübt, ohne ein Entgelt dafür zu bekommen?

Hat die Kollegin und stellvertretende Senatspräsidentin der Abteilung xx im Oberlandesgericht für ihr Urteil im Verfahren „Klage gegen den Architekten" von einem von der Senatspräsidentin bei der Architektenkammer möglicherweise erhaltenen Honorar möglicherweise etwas abbekommen?

Im § 63a (4) Richter- und Staatsanwaltschaftsdienstgesetz (RDSTG) ist dazu gesetzlich bestimmt:

„Eine Vergütung nach § 25 Abs. 1 des Gehaltsgesetzes 1956 gebührt dem Richter nur insoweit, als die Nebentätigkeit für den Bund ausgeübt wird.

Ob die Senatspräsidentin und ihre Stellvertreterin ihre diesbezüglichen Einkommensverhältnisse bei der Staatsanwaltschaft oder beim Bundesministerium offen gelegt haben, ist mir nicht bekannt.

Ob sie dazu aufgefordert wurden, ist mir nicht bekannt.

Ob dies im Sinne der Transparenz angebracht gewesen wäre, möge der Leser beurteilen.

In dem Schreiben des Justizministeriums vom 25.7.2013 wird weiter angeführt:

„Soweit Sie der Ansicht sind, von einem Organ durch ein rechtswidriges Verhalten in Vollziehung der Gesetze geschädigt worden zu sein, steht es Ihnen frei, diesen Schaden nach dem Amtshaftungsgesetz geltend zu machen. ... Auf die Bestimmung des § 2 Abs. 3 AHG wird hingewiesen".

Das habe ich mir natürlich erspart. Nach meinen Kenntnissen und Erfahrungen in diesen 17 Jahren würde ich keinem nicht rechtschutzversicherten Konsumenten empfehlen, ein Verfahren nach dem AHG gegen die Republik Österreich zu führen.

Möglicherweise wird seitens des Rechtsanwenders in solchen Fällen nach einem dem Philosophen Aristoteles zugeschriebenen Ausspruch gehandelt: Eine Krähe hackt einer anderen Krähe kein Auge aus.

Im Falle eines Prozessverlustes durch die Republik Österreich müssten Zahlungen aus dem entsprechenden Budgettopf erfolgen. Die Organe des Staates haften, wenn mein Wissenstand zutreffend ist, in Zivilrechtsangelegenheiten normalerweise nicht persönlich.

In einem weiteren Schreiben vom 19.8.2013 an das Justizministerium führte ich an:

„Dies veranlasst mich gegen nachfolgende Personen Anzeige zu erstatten, die nach meinem derzeitigen Kenntnisstand gegen die Pflicht gemäß den o.a. Paragraphen des RDSTG (Anmerkung § 63) verstoßen haben.

Präsident des Oberlandesgerichtes, gesetzlich verantwortlich für die Dienstaufsicht

Richterin des Oberlandesgerichtes, welche in Doppelfunktion auch für die Architektenkammer tätig ist

Richterin yyyyy und Beauftragte für die Dienstaufsicht beim Oberlandesgericht

Richter xxxxx des Oberlandesgerichtes = jener Richter, welcher sich bemüßigt fühlte, am 15. Juli 2013 mein Schreiben vom 19.6.2012 „zu beantworten", siehe oben

Dies aus folgendem Grund (sinngemäßes Zitat aus den „Nomoi" = Gesetze von Platon vor etwa 2.400 Jahren): „Das Allerschlimmste ist nicht, wenn jemand Unrecht tut. Das Allerschlimmste ist, wenn jemand den Schein der Gerechtigkeit gelten lässt, dies ist viel übler".

Platon hatte und hat, auch für jeden Nichtjuristen verständlich, nicht nur recht mit dieser Aussage, sondern trifft mit dieser auch heutzutage noch genau den wunden Punkt. Dieser wunde Punkt ist der Schein der Gerechtigkeit und der ist heute genauso übel wie vor 2.400 Jahren.

Zu den Anzeigen gegen die beiden Rechtsanwenderinnen erhielt ich dann in einem Schreiben des Bundesministeriums für Justiz vom 25.7.2013 folgende Stellungnahme:

„Ihre Anzeigen gegen die genannten Richterinnen des Oberlandesgerichtes wurden an die Oberstaatsanwaltschaft weitergeleitet und werden einer gesonderten strafrechtlichen Prüfung unterzogen werden."

Ohne irgendjemand irgendetwas unterstellen zu wollen, erscheint es unwahrscheinlich, dass das Verhalten der Rechtsanwenderin und deren Stellvertreterin (Senatspräsidentin) einer gesonderten strafrechtlichen Prüfung unterzogen werden. Ich sollte Recht behalten.

IV.2 Michael Kohlhaas wandte sich an den Kurfürsten von Brandenburg, um sich sein Recht zu verschaffen.

Durch den nochmaligen Einsatz der einflussreichen Verwandten wird die Klage des Michael Kohlhaas abgewiesen.

Ich habe mich in mehreren Schreiben an das Justizministerium und die dafür zuständige Staatsanwaltschaft gewandt. Würde ich hier mein Recht erhalten?

IV.3 Michael Kohlhaas setzte nun seine ganze Hoffnung auf eine von seiner Frau beim Kurfürsten von Brandenburg einzubringende Bittschrift.

Eine Bittschrift an eine „Obrigkeit" habe ich nicht ausgestellt und werde ich natürlich auch nicht (mehr) ausstellen.

IV.4 Nach dem Tod seiner geliebten Frau schwört Michael Kohlhaas grausame Rache.

Von einer grausamen Rache halte ich nichts. Ich habe die oben angeführten Schreiben an das Justizministerium sowie die Staatsanwaltschaft gesandt und sodann dieses Buch geschrieben.

Eine Klage beim Europäischen Gerichtshof für Menschenrechte konnte ich aus folgenden Gründen nicht einbringen:

Eine solche Klage bei diesem Gerichtshof setzt voraus, dass der Instanzenzug bis zum jeweiligen Höchstgericht im Inland ausgeschöpft ist (inklusive Klage gemäß AHG bis zum Obersten Gerichtshof). Auch habe ich wesentliche Zweifel, dass ich das Ende des Verfahrens altersbedingt noch erlebt hätte.

IV.5 Der Kurfürst von Brandenburg trat für einen fairen Prozess für Michael Kohlhaas ein.

Kann man das in dem angeblichen Rechtsstaat Österreich in meinem Fall auch sagen?

IV.6 Michael Kohlhaas hört, dass der Junker Wenzel von Tronka zu zwei Jahren Haft verurteilt worden war.

D a ich keine Information, weder vom Justizministerium noch von der Oberstaatsanwaltschaft, mehr
erhielt, wandte ich mich an die Volksanwaltschaft mit
der Bitte um Intervention wegen der langen Zeit, in der
ich keine Information von den genannten Stellen erhalten hatte. Nach einigen Wochen erhielt ich ein Schreiben
seitens der Volksanwaltschaft mit der Mitteilung, dass
ich deswegen keine Information erhalten hätte, „weil ich
kein Opfer wäre" (sinngemäß formuliert).

Fairerweise muss man hier festhalten, dass die Volks-
anwaltschat nur meiner Bitte entsprechen konnte, nach-
zufragen, warum ich keine Mitteilung von der Oberstaatsanwaltschaft und/oder vom Bundesministerium
für Justiz erhalten hatte. Weitere gesetzesbasierte Ein-
flussmöglichkeiten hat die Volksanwaltschaft nach meinem Kenntnisstand in solchen Angelegenheiten nicht.

Obwohl Staatsanwälte (wie auch Rechtsanwender)
zur Objektivität verpflichtet sind, waren diese Worte, ich
sei kein Opfer, das Ergebnis von 17 Jahren der Auseinandersetzung mit der Justiz. Dieses Ergebnis hatte mich
nicht nur unendlich viel Zeit, Energie und Geld gekostet,
sondern auch erahnen lassen, was die oben angeführte
Journalistin tatsächlich mit ihrem Ausdruck von der „geschlossenen Gesellschaft" gemeint hat.

Es wird der Zeitpunkt kommen, an dem nur mehr
Rechtschutzversicherte bzw. indirekt damit deren Versicherungsgesellschaften sich vor Gerichten bekämpfen.
Spätestens dann müssen auch Politiker offiziell zugeben,
dass wir in Österreich in keinem Rechtsstaat mehr leben,
auch weil große Teil der Bevölkerung ohne Rechtschutzversicherung von diesem „Rechtssaat" ausgeschlossen

sind und auch Rechtsanwälte aus ökonomischen Gründen nicht mehr zu einer kostenlosen Rechtshilfe verpflichtet werden können (weil diese ja von dem Honorar leben, das ihnen ihre Mandanten zahlen).

Rechtsuchende sollten auch nicht vergessen, dass Versicherungsgesellschaften, welche Rechtschutzversicherungen anbieten, natürlich nicht von Verlusten leben können. Ein Rechtsanwalt, der einmal für mich tätig war, formulierte es so: *„Seien Sie froh, dass sie nicht rechtsschutzversichert sind."*

Ich habe auch mehr und mehr den Eindruck gewonnen, dass sich die für den Bereich der Justiz politisch Verantwortlichen gar nicht mehr wirklich zuständig fühlen, um in dieses Justizsystem einzugreifen bzw. entscheidend durchzugreifen. Natürlich werden von „Justizpolitikern" so genannte verbale Beruhigungspillen für die Menschen in diesem Lande verteilt und Rechtsanwender usw. pauschal auffällig, deutlich und auch häufig gelobt und betont, wie gut deren Arbeit sei und wie fleißig diese seien.

Für Michael Kohlhaas ging es im 16. Jahrhundert um das Verhältnis zur Obrigkeit und zur Justiz. Auch wenn heutzutage kein Kaiser, König oder Kurfürst mehr das Sagen hat und wir in Österreich in einer Parteiendemokratie leben, so ist die Form der so genannten Selbstjustiz heutzutage natürlich wesentlich zivilisierter als vor 400 Jahren.

Aber ist der materielle Aufwand für Zivilgerichtsverfahren noch in einem Bereich, welcher Rechtstaatlichkeit in einer Demokratie noch ermöglicht und für den Rechtsuchenden Fairness gewährleistet und im Sinne der in der Verfassung verankerten Menschenrechte ausreichender Raum vorhanden ist?

Wenn die von der Liga der Menschenrechte geforderte Transparenz Wirklichkeit werden würde, würden Recht-

Verloren im „Rechtsstaat"

suchende über den tatsächlichen Rechtsstaat (und wie dieser wirklich funktioniert) rechtzeitig aufgeklärt, würden viele Gerichtsverfahren gar nicht geführt werden. Dies würde das Justizsystem weniger Geld kosten und die tatsächlich geführten Verfahren könnten zeitnäher abgeschlossen werden.

Natürlich können die genannten Forderungen nach mehr Transparenz und nach weniger Obrigkeitsstaat als fromme Wünsche eines von dieser Justiz frustrierten Menschen abgetan werden, weil diese „geschlossene Gesellschaft" hofft und wünscht, dass sich am derzeitigen System nichts oder wenig ändern wird.

Die einschneidenden Änderungen in den Wertvorstellungen und den Entscheidungs- und Machtstrukturen bringen eine Verschiebung der Funktionen von der gesetzgebenden Körperschaft (Nationalrat) auf die Justiz (Rechtsanwender). Dieser schleichende Prozess zur Aushöhlung der Demokratie ist bei den Bürgern offensichtlich noch nicht so richtig angekommen.

Auch dies hat mich veranlasst zu versuchen, Menschen rechtzeitig erkennen zu lassen, dass man Gerichte möglichst meiden sollte, um schlechtem Geld nicht auch noch gutes Geld nachzuwerfen und diesen „Rechtsstaat" sowie das System dahinter am Leben zu erhalten oder sogar zu unterstützen. Dieser Hinweis meinerseits ist aus Gründen entstanden, so wie es sogar Arthur Schopenhauer, der Philosoph und Misanthrop, in den letzten Jahren seines Schaffens beschrieben hat.

V. Schlussfolgerung und Kommentar eines unbeteiligten Dritten zu den Zivilgerichtsverfahren und dem Richterstaat

Nachdem sich der Mittelschulprofessor die Geschichte fertig angehört hatte, meinte er ohne Lächeln im Gesicht:

Eine unglaubliche Geschichte! Dass Menschen, die so etwas erleben, jegliches Vertrauen in diesen Staat und seine Vertreter, insbesondere im Justizbereich verloren haben, liegt wohl auf der Hand.

Um es auch mit den Worten des in der Geschichte zitierten Thomas Hobbes zu sagen, hat dieser nicht von ungefähr seinen Staat als Leviathan, als urzeitliches Monster, bezeichnet.

Ich habe mich als Mittelschullehrer für Deutsch und Geschichte in meinem Leben nicht sehr intensiv mit Philosophie und Philosophen beschäftigt, jedoch durch diese Geschichte gelernt, dass es einem Menschen fast das Leben retten kann, wenn er dies tut; wenn er versucht, Trost in der Philosophie zu finden.

Völlig unverständlich ist wohl, dass eine Richterin, im Rahmen der einvernehmlichen Scheidung von meiner früheren Frau, in das Scheidungsurteil von sich aus hineingeschrieben hat, meine frühere Frau müsse mich bezüglich unseres damals gemeinsamen Hauses, wegen eines offenen Darlehens darauf, schad- und klaglos halten.

In dem Verfahren gegen den Architekten wurde dieser Vertragsteil der Schad- und Klagloshaltung durch den Architekt vom Oberlandesgericht aufgrund der Berufung unverständlicherweise überhaupt nicht beachtet und einfach ignoriert, wie ich selbst gelesen habe.

Dass hier die Vermutung nahe liegt, „es sei nicht mit rechten Dingen zugegangen", ist nachzuvollziehen.

Mich wundert nicht, dass ein Mensch unter diesen Umständen es aufgegeben hat, an eine faire Lösung durch die Behörden zu glauben. Sich an die Öffentlichkeit zu wenden, um anderen Menschen zu helfen, um nicht ähnliches zu erleben, erscheint im Vergleich zum Vorgehen des Michael Kohlhaas natürlich im Sinne des Humanismus – obwohl man durchaus der Reaktion des Michael Kohlhaas ein gewisses menschliches Verständnis entgegenbringen kann, wenn man die (wahrscheinliche) Denkweise von Menschen in der Zeit im Übergang vom Mittelalter zur Aufklärung, in der die Geschichte spielt, berücksichtigt.

Sicher sind Richterinnen und Richter Menschen, die auch Fehler machen können. Aber in den hier geschilderten Gerichtsverfahren ging es vielfach nicht um Fehler im herkömmlichen Sinne. Von diesen Richterinnen und Richtern wurde, wie dargestellt, Rechtspflege auf einem von einem Bürger dieses Landes nicht zu erwartenden, erschreckenden moralischen Niveau geboten.

Das Fehlen von geeignetem Rechtsgefühl, wie es schon von Platon dargestellt wurde, wurde bei so manchem Rechtsanwender ganz deutlich. Als Humanist und Nichtjurist stellt man sich die Frage, wie es möglich ist, dass solche Menschen ihren Beruf noch immer ausüben dürfen. Hier versagen der Staat und sein Justizsystem offensichtlich vollkommen.

Ob so manches Privileg, soweit die Informationen darüber für den „Normalsterblichen" überhaupt transparent und insbesondere bei Rechtsanwendern im 21. Jahrhundert noch zeitgemäß und notwendig sind, sei dahingestellt.

Wenn man sich jedoch vorstellt, welche Probleme bei einem Abbau von solchen Privilegien seitens der betroffenen Richterinnen und Richtern sichtbar werden würden, müsste möglicherweise das Wort „Würde" im Zusammenhang mit dem Amt eine neue Bedeutung bekommen müssen.

Diesem Essay ist zu wünschen, dass der Inhalt eine Hilfe für viele Menschen bedeutet und diesen auch dadurch die Augen geöffnet werden, um zu erfahren, in welcher Art von Rechtsstaat bzw. Demokratie wir leben und wie wenig Transparenz im 21. Jahrhundert in diesem System der Justiz und der Judikative gegeben ist.

VI. Literaturverzeichnis

RAO Rechtsanwaltsordnung, Schuppich, Rades, 6. Auflage, Manzsche Verlags- und Universitätsbuchhandlung, Wien 1999; enthält auch das Rechtsanwaltstarifgesetz RATG

Gauch, Peter, Professor an der Universität Tübingen in einem Essay, Geschichten und Einsichten eines privaten Schuldrechtlers, Zeitschrift für Schweizerisches Recht, Helbing & Lichtenhahn

Österreich, 1.8.2015

Gewidmet Sky, Merlin & Jane (zwei Hunde und ein junges Kätzchen).

Copyright und Haftungsausschluss